“十三五”高等职业院校经济与贸易类融岗式示范教材

外贸单证实务

主　编　黄秀丹　王瑞华

中国财富出版社

图书在版编目（CIP）数据

外贸单证实务／黄秀丹，王瑞华主编．—北京：中国财富出版社，2017.5

（“十三五”高等职业院校经济与贸易类融岗式示范教材）

ISBN 978－7－5047－6474－4

Ⅰ.①外…　Ⅱ.①黄…②王…　Ⅲ.①进出口贸易—原始凭证—高等职业教育—教材

Ⅳ.①F740.44

中国版本图书馆CIP数据核字（2017）第115274号

策划编辑　寇俊玲　　责任编辑　赵　翠

责任印制　梁　凡　　责任校对　孙丽丽　　责任发行　王新业

出版发行　中国财富出版社

社　　址　北京市丰台区南四环西路188号5区20楼　　邮政编码　100070

电　　话　010－52227588转2048/2028（发行部）　　010－52227588转307（总编室）

010－68589540（读者服务部）　　010－52227588转305（质检部）

网　　址　http://www.cfpress.com.cn

经　　销　新华书店

印　　刷　北京京都六环印刷厂

书　　号　ISBN 978－7－5047－6474－4/F·2758

开　　本　787mm×1092mm　1/16　　版　　次　2018年3月第1版

印　　张　8.5　　印　　次　2018年3月第1次印刷

字　　数　176千字　　定　　价　23.00元

前　言

根据《国家中长期教育改革和发展规划纲要》要求，高等职业教育必须加快课程体系改革和教材建设的步伐，建立符合时代特征和具有我国特色的职业教育新思想、新模式、新课程体系。有鉴于此，辽宁经济职业技术学院国际贸易专业的教师，以示范校建设（国际贸易实务重点专业建设）为契机，编写了这套示范教材。本套教材包括《国际贸易实务》《外贸单证实务》《外贸英语函电》《报关实务》《报检实务》《外贸跟单实务》《国际商法》《商务谈判》《外贸英语对话》《国际货运代理实务》10 册，适用于高等职业院校国际经济贸易、国际商务、国际贸易实务、经贸外语、经济管理等专业的学生。

本书由辽宁经济职业技术学院黄秀丹、王瑞华担任主编。具体分工如下：黄秀丹负责模块二、模块三、模块四，王瑞华负责模块一、模块五、模块六，全书由黄秀丹统稿。

本书根据高职院校以培养高端技能型人才为主的根本任务，按照工作过程，以模块导向、任务驱动来设计体例，安排教学内容。全书共分 6 个模块，以信用证业务操作为主线，主要对单证的基础知识、合同的商订及主要单证的制作等进行了全面的阐述。为方便教学和学生自学，本书各模块同时配有教学课件、习题、互动实训等立体化教学资源，通过多种教学资源，尽可能地满足教师教学需要和学生学习需要，提高教学、学习质量，促进教学改革。

本书结构清晰，思路独特，有很强的实用性，可作为高职高专院校国际贸易、报关与货运等财经类专业的教科书，亦可供从事国际贸易类各专业技术人员自学参考。

编　者

2017 年 1 月

目　录

模块一　初识外贸单证

学习目标

知识目标：理解单证的含义和作用。

能力目标：掌握进出口单证的申领流程。

任务一　认识外贸单证

任务导入

2016年，郑爽圆满地完成学业，成为辽宁经济管理干部学院国际贸易实务专业一名优秀的毕业生，毕业后顺利进入沈阳天天进出口贸易公司从事制单员工作。作为一名新手，制单员郑爽首先要对相关单证知识进行梳理，其次还要熟悉制单员的工作内容及要求。那么，作为一名制单员，郑爽的主要工作任务具体有哪些呢？

相关知识

一、外贸单证的含义、作用

（一）单证的含义

单证（Documents）是指在国际结算中应用的单据、文件与证书的统称，用以处理国际买卖货物的交付、运输、保险、商检、报关、结汇等。狭义的单证指单据和信用证；广义的单证则指各种文件和凭证。就国际贸易而言，单证是出口货物推定交付的证明，也是结算的工具。单证作为一种贸易文件，它的流转环节构成了贸易程序。

单证工作贯穿于企业的外销、进货、运输、收汇的全过程，工作量大、时间性强、涉及面广，除了外贸企业内部各部门之间的协调外，还必须和银行、海关、交通运输部门、保险公司、商检机构、有关行政管理机关发生多方面的联系。这些环节环环相扣，相互影响，互为条件。

单据是办理货物的交付和货款支付的一种依据。单据可以表明出口商是否履约，以及履约的程度。进口商品以单据作为提取货物的货权凭证，有了单据，就表明有了货物。

（二）单证的作用

1. 单证是合同履行的手段和证明

在业务活动中提交相应单据是当事人履行合同的手段，也是当事人完成合同义务的证明。合同订立后，履行阶段可概括为“货、证、船、款”四环节，无论是哪个环节，进出口商及合同有关的相应各方只有在履行了约定义务的情况下才能取得相关单据，没有提交应交付的单据就意味着没有按规定履约。

2. 单证是结算的基本工具

国际贸易法专家施米托夫曾经讲过，从商业观点来看，可以说 CIF（成本、保险费加运费）合同的目的不是货物本身的买卖而是与货物有关单据的买卖。以上指的虽是 CIF 合同，实际上是外贸实务中其他价格条款，如 FOB（船上交货）、CFR（成本加运费）等也是以单证为桥梁实现货款的交割，其性质同样是单证买卖。按照国际商会《跟单信用证统一惯例》（UCP600）2007 年修订本第 9 条规定，“在信用证业务中，各有关当事人所处理的只是单据，而不是单据所涉及的货物、服务或其他行为”。单据之间表面互不一致即视为表面与信用证条款不符。如果单据与信用证有细小差别，开证银行就可不负承付责任。所以，正确缮制好各种单证，以保证交货后能及时地收回货款就显得十分重要了。

3. 单证工作是政策性很强的涉外工作

外贸单证工作是一项政策性很强的涉外工作，体现平等互利和按国际惯例为事项的政策精神。出口单证为涉外商务文件，必然体现国家的对外政策，因此必须严格按照国家有关外贸的法规和制度办理。例如，进出口许可证关系到国家对某些出口商品的计划管理，甚至还会涉及两国之间的贸易协定。出口单证也是收汇的依据，当发生贸易纠纷时，又常常是处理争议、解决索赔的依据和法律文件。例如，货物在运输途中受损，货方向保险公司提出索赔，保险单就是索赔的凭证；在计算赔偿额时，发票是赔偿的依据。

4. 单证工作是出口企业经营管理的重要环节

单证虽是商务文件，其实也是企业的对外宣传资料。格式优美、行列整齐、文字清晰的单证，能展现企业高品位的业务质量，为企业塑造良好的形象，有利于业务的开展；单证工作是为贸易全过程服务的。贸易合同的内容、信用证条款、货源衔接、审证改证、交单议付等业务管理的问题，最后都会在单证工作中反映出来；单证工作是外贸企业经营管理中一个非常重要的环节，单证工作组织管理的优劣直接关系到外贸企业的经济利益。单证就是外汇，如果我国每出口 1.5 亿美元的货物，出口结汇每延误一天，就要造成约 4.5 美元的损失。所以，单证工作是企业经营管理的重要环节。

5. 单证是避免争端出现和解决争端的依据

国际贸易各方订立合同的目的是为了实现各自的利益，在订立合同之初就认为自己在买官司、买争议的人是不存在的。但因为从事国际贸易活动的人分处异国，市场经常发生变化、有利和不利因素在不断地转换、新情况时有出现，贸易活动中发生争议、矛盾也是正常的。关键是要做好自己的“功课”，防患于未然。因为国际贸易是单据贸易，所以在合同订立之前、之中和之后都要对相关单据进行严格把关，不然就可能造成因单据的不规范、不确切、存在授人以柄的漏洞而引发麻烦或在发生有关争议后无法利用合法的手段（出示合格的单据）保护自己，更谈不上对对方的不合理要求据理力争、成竹在胸地说“不”。

二、单证工作的基本要求

单证工作是履行国际贸易程序不可缺少的手段之一，是进出口业务中一项非常重要的基础性工作。因此，要求单证员要严格按照单证工作的要求，高质量地完成单证工作，按时履行合同。

（一）对单证制作的要求

单证工作应做到“三一致，五要求”，如下表所示。

单证工作的“三一致”和“五要求”表

三一致	五要求
单单一致	正确
单证一致	完整
单货一致	及时
	简洁
	整洁

1. 正确

“正确”，是单证工作的前提，是安全收汇的保证。一方面，要求各种单据必须做到“三相符”（即单据与信用证相符、单据与单据相符、单据与实际货物相符），其中“单证相符”是前提，离开这个前提，单单之间即使相符，也会遭到银行的拒付。“单货相符”主要是指单据的内容应该与实际交货一致，亦与合同一致。这样，单证才能真实代表出运的货物，确保履约正常，安全收汇。另一方面，要求各种单据必须符合有关国际惯例和进出口国的有关法令和规定。在信用证业务中，单据的正确性要求精确到不能有一字之讹，同时还要求出口人出具的单据种类、份数和签署等必须与信用证的规定相符。

2. 完整

“完整”主要体现在以下方面。

（1）体现在单据的内容要完整，每一种单据本身的内容（包括单据本身的格式、项目、文字和签章、背书等）必须完备齐全，否则就不能构成有效文件，也就不能为银行所接受。

（2）体现在单据的种类要完整，单据必须是成套齐全而不是单一的，遗漏一种单据，就是单据不完整。单据应严格按照信用证规定一一照办，除主要单据外，一些附属证明、收据一定要及时催办，不得遗漏。

（3）体现在单据的份数要完整，要求在信用证项下的交易中，进出口商需要哪些单据，一式几份都要明确，尤其是提单的份数，更应注意按要求出齐，避免多出或少出。

3. 及时

“及时”是指进出口单证工作的时间性很强，必须紧紧掌握装运期、交单期、信用证的有效期。及时出单包括两个方面的内容：①各种单据的出单日期必须符合逻辑。也就是说，每一种单据的出单日期不能超过信用证规定的有效期限或按商业习惯的合理日期。如保险单、检验证的日期应早于提单的日期，而提单的日期不应晚于信用证规定的最迟装运期限，否则，就会造成单证不符。②交单议付不得超过信用证规定的交单有效期。如信用证不做规定，按国际商会《跟单信用证统一惯例》的规定：“银行将拒绝接受迟于运输单据出单日期 21 天后提交的单据，但无论如何，单据也不得迟于信用证到期日提交。”

4. 简洁

“简洁”是指单证的内容应力求简化，国际商会《跟单信用证统一惯例》中指出：“为了防止混淆和误解，银行应劝阻在信用证或其任何修改书中加注过多细节的内容”，其目的也是为了避免单证的复杂化，从而提高工作效果。

5. 整洁

“整洁”是指单证表面的整洁、美观、大方，单证内容简洁明了。如果正确和完整是单证的内在质量，那么整洁则是单证的外观质量。它在一定程度上反映了一个国家的科技水平和一个企业的业务水平。单证是否整洁，不但反映出制单人的业务熟练程度和工作态度，而且还会直接影响出单的效果。单证的整洁是指单证格式的设计和缮制力求标准化和规范化，单证内容的排列要行次整齐、主次有序、重点项目突出醒目，单证字迹清晰、语言通顺、语句流畅、用词简明扼要、恰如其分，更改处要盖校对章或简签。如单证涂改过多，应重新缮制单证。

（二）对单证工作人员的要求

作为一名单证工作者，应具有扎实的国际贸易专业知识与娴熟的单证操作能力，单证工作涉及的业务杂、环节多，在对外签订、履行合同的过程中，单证工作者对外贸知识的掌握是十分重要的。目前，许多单证都是通过计算机制作完成的，从业人员必须具备操作计算机和有关应用软件的能力以及了解电子商务方面的知识。与此同时，掌握一定的英语技能也是对单证工作人员要求中必不可少的因素。

知识链接

单证的分类

1. 根据贸易双方涉及的单证划分

根据贸易双方涉及的单证划分，可分为进口单证和出口单证。

进口单证包括进口许可证、信用证、进口报关单、保险单。出口单证是指出口国的企业及有关部门涉及的单证，包括出口许可证、出口报关单、包装单据、商业发票、保险票据、汇票等。

2. 根据单证的性质划分

根据单证的性质划分，可分为金融单证和商业单证。

金融单证包括汇票、本票、支票或其他类似用以取得款项的凭证。商业单证包括发票、运输单据。

3. 根据单证的用途划分

根据单证的用途划分，可分为资金单证、商业单证、货运单证、保险单证、官方单证和随附单证。

资金单证包括汇票、本票、支票。商业单证包括商业发票、形式发票、装箱单、重量单。货运单证是指各种运输方式单据的统称，包括海运提单、不可转让海运单、租船合约提单、空运单、公路运单、铁路运单、内河运输单据、专递和邮政收据、报关单、报检单、托运单等。保险单证主要指国际货物运输保险，包括保险单、预借单、保险证明、投保单。官方单证指的是官方机构出具的单据和证明，包括海关发票、领事发票、产地证、检验检疫证。随附单证有寄单证明、寄样证明、装运通知、船舱证明。

4. 根据业务环节划分

根据业务环节划分，可分为托运单证、收汇单证及进口单证。

托运单证是为保证货物安全出运的单证。收汇单证则指安全取得货款的单证。进口单证是指进口国的企业及有关部门涉及的单证。

任务二　出口单证的操作程序

任务导入

经过几个月的工作，单证员郑爽已经对制单业务有了初步的认识，接下来她将对进出口工作过程中涉及的单证进行综合分析，掌握相关单证的操作程序，以便完成后续的履约工作。

相关知识

一、单证操作流程

在我国出口贸易中，除少数大宗交易采用FOB条件成交外，多数贸易采用CIF与CFR条件成交，并采用即期信用证付款。履行此类出口合同，涉及面广、工作环节多、手续繁杂，且影响履约的因素很多。流程主要包括报价、订货、付款方式、备货、包装、报检、报关、装船、提单、交单、结汇。用几个字来简单概括的话，就是“约—货—款—运—单”。和国内贸易相比，多数情况下或更强调“单”即运输单据，比如发票、装箱单和提单等，其中海运提单是货权凭证，一定意义上提单就是货也是款，这是由国际贸易的政策、运输、货币等特殊性决定的。

二、报盘

在国际贸易中一般是由询盘、报盘作为开始。通俗意义上也可以说“询价、报价”，但实际磋商的内容包括所购产品量的标准等级、质量等级、规格型号、技术参数、包装方式、交货期的要求、运输方式，然后是价格。常用的报价基于三种贸易术语：FOB、CFR、CIF。在一份专业的报价中，价格术语是核心部分之一。选择以FOB价成交，在运费波动不稳的市场条件下对我们有利。但是在进口商与承运人安排船只的情况下，货物一旦装船，出口商对出口货物的控制力将减弱，而且延船等因素会造成出口商相应的费用或损失。在CIF价出口的条件下，船货衔接问题可以得到较好的解决，使得出口商有了更多的控货权、灵活性和机动性。

三、接单（签约）

贸易双方就报价达成意向后，一般需签订购货合同（Sales Contract），约定商品名称、规格型号、数量、价格、包装、产地、装运期、目的港、付款方式、索赔、仲裁等内容，这标志着出口业务的正式开始。但是这是正式的做法，一般适合于在与大、中型国外采购商做生意的情况下。随着现在国际贸易的发展，双方在这一环节上都追求灵活性和效率性，所以一个新客户通过E-mail/Fax/MSN发送正式订单或甚至只是语句性的描述的方式都可以下发订单，你确认了，“合同”也就成立了，当然这也符合《中华人民共和国合同法》的规定。但在没有和客户签订正式购货合同的情况下，为了起码的安全保障也便于双方后续的沟通和操作，很多公司都要给客户开具形式发票（Proform Invoice），上列型号、规格、数量、价格、包装、装运期、目的港口、付款方式等。

四、付款

最常用的国际付款方式有两种，即L/C（Letter of Credit，信用证）和T/T（Telegraphic Transfer，电汇）。

L/C分为光票信用证和跟单信用证两类，最常用的是跟单信用证，即附有指定单据的信用证。简单地说，信用证是保证出口商收回货款的保证文件，是银行信用。远期和即期信用证的选择，要根据具体情况而定：如果做即期又对开证行信用不信任，则最好要求客户安排保兑，这样就形成了“双保险”；如果做远期，银行会提供贴现的融资业务，收取贴现费，大概是信用证金额的0.5%，如LC90Days则为1.5%，需要在签订合约时与客户协商由客户承担。

T/T付款方式是以外汇现金方式结算，由客户将款项汇至公司指定的外汇银行账号内，分为前T/T和后T/T两种，“前、后”是相对于排产或船期来讲的。

五、备货

备货在整个贸易流程中，居于举足轻重的重要地位，技术、品质、数量和交期须按照合同逐一落实，尤其在 L/C 付款条件下交期更显重要。业务员必须要在整个过程中紧密关注并做好协调，尤其对生产和品质比较弱的企业。

六、包装

关于包装很多企业会忽视它的重要性，其实不管民用、商用还是工用产品，包装都是产品的重要组成部分，必须要在保护性、唛头标识上做到合格和专业。

七、报检

(1) 属法定检验的出口商品，须办出口商品检验证书，这是出口报关的前提。目前我国进出口商品检验工作主要有四个环节：报检—接受报检—抽检—发证。

(2) 第三方机构的检验证书或验货员实地检验，出口商也需要及时联络、送检（或接检）和取得证书，在 L/C 付款方式下，检验证书也是需要提交的重要单据。

八、报关

须由专业持有报关证人员，持箱单、发票、报关委托书、出口结汇核销单、出口货物合同副本、出口商品检验证书等文本去海关办理通关手续。但是，很多公司为了效率和专业，目前都是由委托货代来做报关的。

九、装船

无论是在 FOB 还是在 CIF 下，我们都要积极与货代联系订舱，越早越好，使货代选择价格优惠、信誉好、船期、航程合适的船公司，应在交货期两周之前向货代发出书面订舱通知，随后尽早确认拉柜（也叫做箱、做柜）日期。装柜日确定后，出口商要与生产更紧密沟通进度确保装柜，保证按期装船。

十、交单结汇

提单是出口商办理完出口通关手续、海关放行后，由外运公司签出、供进口商提货、结汇所用单据。提单的审核非常重要。着重审核提单种类、份数、抬头、收货人、通知人、出单人、承运人、指示方、装货港、卸货港、货物描述、转船分批装运描述、清洁性描述、装船批注及背书描述，原则是要符合信用证要求、事实和常理。要确保提单是物权凭证，降低风险，就需要求提单是：“由船公司签发的三分之三全套已装船清洁海运提单”，也就是 Ocean B/L 或 Marine B/L、Clean、Shipped On Board、3/3 Full

Set；要提高灵活性，就允许提单可以背书流通。按照信用证规定，将内容正确且份数一定的提单，连同商业发票、装箱单，如果客户有要求还须及时备齐原产地证等文件，在确认货款全部 T/T 到账后寄给客户或 L/C 收妥无误后交银行议付结汇。当然，单证和财务人员还需要办理出口收汇核销和退税手续。

信用证支付方式的 CIF 出口合同履行程序如图 1－1 所示，信用证支付方式的 FOB 进口合同履行程序如图 1－2 所示。

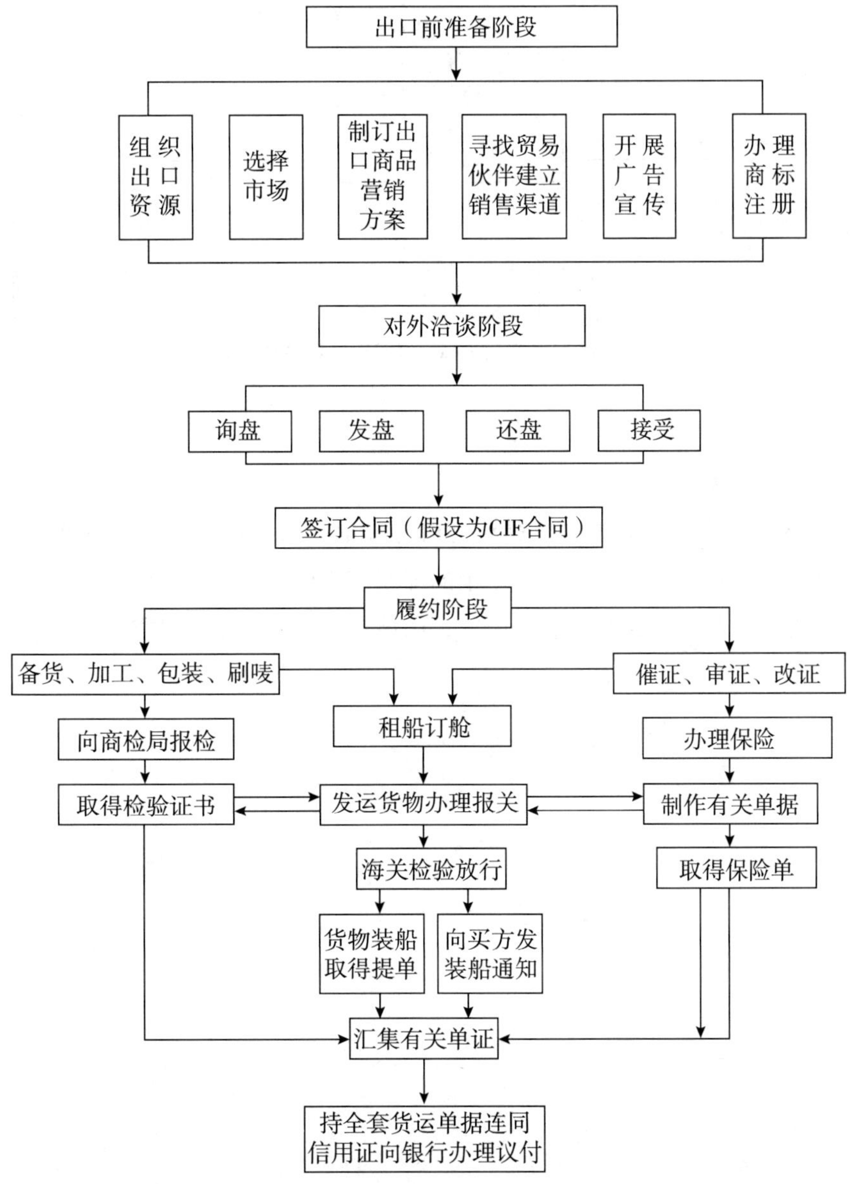

图 1－1　信用证支付方式的 CIF 出口合同履行程序

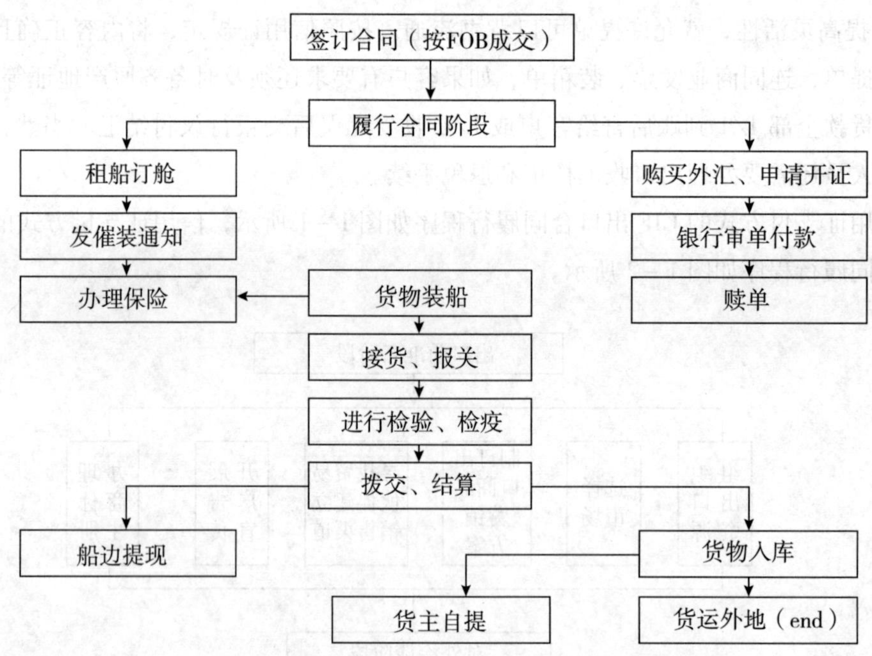

图 1－2　信用证支付方式的 FOB 进口合同履行程序

巩固提升

2017 年 3 月，上海金立进出口贸易公司与日本 LOLK 公司签订了一笔买卖服装的进出口合同。买方按要求开来了不可撤销的即期信用证。

请根据业务背景资料，结合教学内容，简单论述单证的制作要求。

模块二　合同商订

学习目标

知识目标：了解贸易合同条款。

能力目标：熟悉主要贸易条款并掌握国际贸易合同的内容及形式。

任务一　熟悉合同及相关条款

任务导入

郑爽所在的公司是一家私营企业，公司主要经营滑雪服业务，该公司有比较成熟的工作团队，有自己的公司网站，在行业内有着一定的知名度和美誉度。近日，英国的一位客商对该公司的滑雪服感兴趣，因此，双方首先需要对交易条件进行磋商，并达成一致；另外，双方需要签订一份正式的书面合同，对此，郑爽需要协助业务经理拟订销售合同，一式两份，签章后即给英国 F. F 公司。F. F 公司需对合同审核，审核无误后会签，双方各持一份。那么郑爽具体要做哪些工作？

相关知识

一、认识合同条款

（一）品质条款

品质条款是商品说明的重要组成部分，也是交易双方在交接货物时对货物品质界定的主要依据。在出口交易中，表示商品品质主要有用文字说明和用实物样品表示两种方法。

品质条款的基本内容：①在凭样品买卖时，合同中除了要列明商品的名称外，还要列明样品的编号，必要时列出寄送的日期；②在凭文字说明买卖时，应根据具体情况在合同中选用规格、等级、标准、牌名、商标或产地等方法进行品质说明。

（二）数量条款

合同中的数量条款一般包括商品的具体数量、计量单位或数量机动幅度的规定。在国际贸易实务中，根据商品的不同性质，通常使用的计量单位有重量、容积、个数、长度、面积和体积六种。其中重量可以按净重、毛重、“以毛作净”、公量和理论重量等方法进行计量。

（三）包装条款

商品的包装条款一般包括包装的材料、包装的方式、包装的费用及包装的标志等内容。

（四）价格条款

买卖合同中的价格条款由单价和总额两部分组成。①单价。单价主要由计价货币、单位货币金额、计量单位、价格术语四部分组成。②总额。总额由阿拉伯数字和字母两部分构成。

（五）运输条款

合同中的运输条款主要包括装运时间、装运港或装运地、目的港或目的地，以及分批装运和转运等内容，有的还规定装船通知条款、滞期速遣条款等。

（六）保险条款

合同中的保险条款因不同贸易术语而异。如以 CIF、CIP 术语成交，保险条款一般包括四个方面的内容：由何方办理保险、投保金额、投保险别及以哪一个保险公司保险条款为准。

（七）支付条款

依据不同的付款方式，合同中的支付条款内容和注意事项各异，现分别介绍如下。

1. 汇付条款及注意事项

为明确责任，防止拖延收付款时间，影响及时发运货物和企业的资金周转，对于使用汇付方式结算货款的交易，在买卖合同中应当明确规定汇付的时间、具体的汇付方式和金额等。

2. 托收条款及注意事项

在采用托收方式时，要具体说明使用即期付款交单、远期付款交单还是承兑交单，注意承兑交单、远期付款交单的风险把握。

（八）检验条款

进出口合同中检验条款一般包括有关检验权的规定、检验或复验的时间和地点、检验机构、检验检疫证书等。

（九）索赔、仲裁与不可抗力条款

（1）索赔条款。国际货物买卖合同中的索赔条款有两种规定方法：一种是异议和索赔条款（discrepanc yand claim clause）；另一种是罚金条款（penalty clause）。一般买卖合同中，多数只订异议与索赔条款。异议和索赔条款除规定一方如违反合同，另一方有权索赔外，还包括索赔依据、索赔期限、赔偿损失的办法和赔付金额等。

（2）仲裁条款。仲裁条款主要包括仲裁地点、仲裁机构、仲裁程序和仲裁裁决的效力等内容。其中仲裁地点的选择是一个关键问题。因为在一般情况下，在何国仲裁即采用何国的仲裁规则或相关法律。在我国的国际贸易实践中，仲裁地点大致有三种订法：在我国仲裁、在被告所在国仲裁及在双方同意的第三国仲裁。关于裁决的效力，一般应在合同中明确订明：仲裁裁决是终局的，对双方当事人均有约束力。

知识链接

出口合同签订应注意事项的法律意见书

1. 交易各方的名称、地址、联系方式等明确、具体

我们在涉外合同签订之前，一般都有与外方相关人员的前期的接触与谈判，通常会得到对方的初步信息，但需要及时注意的是一个谈判团队，各个成员所隶属或代表的公司可能不同（同属于同一个母公司），各种原因不尽相同。联系方式非常重要，最好能够将对方的座机电话、移动电话、邮箱地址等一一列明，便于日后定期联系。同时，也需对上述信息进行更新与整理。

2. 交易对方主体基本资信的调查了解

公司业务人员一般不是很关注交易对方的主体资格、对资本资信情况的了解。目前，许多公司，包括境外的大中型公司，都基于其内容、运营成本节约考虑，通过境外关联交易进行采购、销售、对外合同等相关事项之操作。不同的交易主体，其定位及风险承担能力都存在很大的区别。应了解签约的主体的基本情况，如包括注册地、

资产、实际管理机构等信息，从而能够对相关问题有一个初步的了解与分析。

3. 合同标的物的描述及规范

品名规格应表述完整规范。特别是购货合同的品质，务必订得详细准确。有质量标准的，要订明所遵循的是国家标准、行业标准还是企业标准。凭样成交的要封存样品，妥善保管，作为验收的最终依据。

4. 交货时间

交货时间应明确具体。购货合同交货期较外销合同要有适当的提前，如果分批交货，购货合同必须订明每次交货的具体数量、时间。外销合同可以仅规定共分几批交货及最后一批的交货期限，以免客户开证时提出诸多要求，增加执行难度。

5. 产品不合格的索赔时效

索赔时效要根据不同的商品特性，参照有关行业规定与惯例，明确买方对货物质量、数量提出异议的时限。在合同中如规定由中国商检局检验，最好订明“需方提供检验报告且需方对质量提出异议的期限为收到货物后××天”。

6. 定金和预付款

支付定金或预付款时，必须分清定金与订金的区别。定金在履约前可起到担保的作用，履约后可抵作价款，不按合同约定履行时具有惩罚的作用。而订金和预付款一样，都不具备这种担保与惩罚的作用。一旦对方违约，对出口方的利益没有保障（《中华人民共和国担保法》规定，定金最多不能超过合同标的额的20%，超过部分，视作预付款处理）。

7. 合同的完整性

除确有必要库存的大宗商品可在没有外销合同的情况下先订立购销合同外，原则上所有的出口业务都须内、外合同同时签订。如只有信用证而没有合同的订单，一定要补签外销合同。因信用证不能作为诉讼的充分依据，当发生外商违约、撤销信用证或信用证过期，而出口方已与工厂签订合同甚至预付货款、定金的情况时，出口方将处于极其被动的地位。

8. 收汇不着的风险

D/P、D/A、装船后T/T等收款方式，不论贸易伙伴是老客户还是新客户，都会使出口方的安全收汇处于被动地位，尤其当市场行情发生波动时，更为不利。因此，除非确无洽商余地，每单出口业务都应力争以L/C方式成交。在不得不采用上述收账方式的情况下，也应采取措施，如投保出口信用险等。

在以L/C成交的情况下，外商也可能在L/C中订立种种软条款，如，①L/C中规定外商签发的某种单据作为出口方议付的必要单据之一；②L/C的有效期规定在对方银行到期；③L/C中对承运货物的船公司、船龄、船籍等做出限制性规定；④L/C中要求1/3提单直接寄给外商，2/3提单作为议付单据；⑤L/C中规定一定比例的货款通过L/C议付，其余部分在外商实际收货后T/T支付；⑥L/C中隐含某些自相矛盾的条款，不仔细审证或不实际履行时无法发现。以上条款，实际都由外商控制了付款的主动权。在收到有类似软条款的L/C时，业务员应谨慎行事，尽量与外商洽商调整。此外，即使收到的L/C的条款为可接受和可操作的，对开证行的资信，也应通过中国银行等机构，进行适当的查询。对某些信誉不佳的小国银行开出的L/C，应谨慎考虑是否接受，如接受，也必须要求由某一家自己认可的银行对该L/C加以保兑。在缮制L/C项下单据时，业务人员应仔细、认真、力争做到单证、单单完全相符，不给某些不法外商以恶意拒付的理由。当货物采用航空方式出口时，因航空运单是直接随机寄达外商的，外商在货物装机后即取得了货权。因此，对贸易伙伴的资信情况，更要做到详实、确凿的了解，并须要求对方开出简单易操作的L/C。而在制作单据的时候更要滴水不漏，严格相符，尽量采取措施，防止客户提走货物后拒不付款。

9. 合同生效及自动续展约定

相关人员应关注合同生效的法律意义，不能以各方的前期合作及个人的主观判断来决定某种商业行为。如尽管交易各方已就重要交易条款达成初步的共识，现实操作中有很多中方企业在尚未就上述合作事项达成正式生效协议的情况下，单方面进行备货备料，后因境外交易方的突发事件，导致不能如期签约，给企业造成一定的损失。很多协议约定“本协议有效期一年，期满前30日内任何一方如未书面通知对方终止协议，则协议有效期自动续展一年”等，由于目前中国企业并没有建立比较完善的合同管理体系，很多合同签订后没有专人跟进，特别是一些重要条款的持续跟进，导致合同后续何时到期、到期后的处理、自动续展等都无从得知。如果某一天企业突然想起终止合同，但该合同已自动续展，从而影响企业的商业操作目标的实现。

10. 合同附件

我们往往比较关注主体合同的内容，商务谈判很多也围绕主合同展开，在合同审查过程中也容易发生重要主合同、轻合同附件的情况，上述情况极易造成合同条款重组或合同附件条款加重一方责任的法律风险。某些境外厂商通过合同附件的形式约定“合同条款与附件内容相冲突以附件内容为准”或通过附件条款细化、补充主合同的内容，影响交易对方的利益。

11. 合同终止、解除条件及赔偿、补偿等事项的约定

我国许多中小型企业在接单过程中，没有充分评估合同终止、解除条件及赔偿、补偿等条款的风险，造成前期投入很大，后期却遭毁约，导致严重亏损的经营事件。所以，请在签订合同时对合同终止、解除条件及赔偿、补偿等事项进行详细的约定。

12. 违约赔偿的上限限制

很多涉外合同，特别是销售合同，都约定供货方应承担产品质量原因引起的一切法律后果，包括人身损害、财产损失、诉讼费用、律师费用，等等。国内企业应高度关注该条款，据理力争，争取将相关赔偿事项能够限制在一定范围，否则，赔偿巨额损失情况很有可能发生。

13. 合同争议的解决

合同争议解决部分最为关键的解决方式及适用法律。在争议解决的问题上，由于仲裁比诉讼更容易在国外获得承认和执行，涉外合同中的争议条款应争取多采用仲裁并可选定“中国国际经济贸易仲裁委员会”作为仲裁机构。因为该机构在国际上有较高的声望，其裁决在许多国家可得到认可并得以执行。订立仲裁条款除应明确仲裁地点、机构、程序规则、效力和费用外，还应注意选定的仲裁机构必须明确、具体、唯一，表述准确，而且仲裁条款要符合一裁终局的原则，选择了仲裁就不能向法院起诉。

在采用法院诉讼的情况下，应尽量选择由本国本地的法院管辖。鉴于中国法院的判决在国外执行有一定难度，因此，除非国外客户在中国有财产，否则不建议采用法院诉讼的条款。在法律适用上应尽量争取适用中国法律。

二、合同的形式及内容

（一）合同形式

合同形式是指当事人合意的外在表现形式，是合同内容的载体。我国《合同法》第十条规定：当事人订立合同，有口头形式，书面形式和其他形式。

1. 口头形式

合同的口头形式是指当事人只有口头语言为意思表示订立合同，而不用文字表达协议内容的合同形式。口头形式优点在于方便快捷，缺点在于发生合同纠纷时难以取证，不易分清责任。口头形式适用于能即时清结的合同关系。

2. 书面形式

书面形式是指当事人以合同书或者电报、电传、电子邮件等数据电文形式等各种可以有形地表现所载内容的形式订立合同。书面形式有利于交易的安全，重要的合同应该采用书面形式。书面形式又可分为下列几种形式：①由当事人双方依法就合同的主要条款协商一致并达成书面协议，并由双方当事人的法定代表人或其授权的人签字盖章；②格式合同；③双方当事来往的信件、电报、电传等也是合同的组成部分。当事人约定采用书面形式的，应当采用书面形式。在实践中，书面形式是当事人最为普遍采用的一种合同约定形式。

3. 其他形式

其他形式是指上述两种形式之外的订立合同的形式，即以行为方式表示接受而订立的合同。上述订立合同的三种形式，从总体上来看，都是合同的法定形式，因而均具有相同的法律效力，当事人可根据需要，酌情做出选择。

（二）合同内容

国际货物买卖合同的内容通常包括约首、本文和约尾三个部分，如下表所示。

国际货物买卖合同的内容

约首部分	约首部分一般包括合同名称、合同编号、缔约双方名称和地址、电话、传真或电子邮件号码、合同签订的日期和地点等内容，通常还写明双方订立合同的意愿和履行合同的保证
本文部分	本文部分又称合同的基本条款，是合同的主要组成部分，通常包括品名、质量规格、数量、包装、价格、交货、保险、支付、检验、索赔、不可抗力和仲裁等条款
约尾部分	约尾部分通常包括合同使用的文字及其效力、合同的份数，附件及其效力，订约双方当事人的签字等内容

合同一经订立，就成为具有法律效力的文件，对双方都有约束力。在订立书面合同时，应做到内容完备、条款明确、文字严密、条款间相互衔接，且与磋商的内容要一致，以利合同的履行。

实践操作

DALIAN XINXIN TOOL IMPORT & EXPORT CO. , LTD.

51, Renmin Road Dalian, of China

S/C NO.: 2016FF

SALES　CONFIRMATION　　　DATE: MAY 07, 2016

TEL（电话）: 0411 -89379123

FAX（传真）: 0411 -89379123

TO MESSRS:

F. F COMPANY

3 -7 HOLY GREEN, LONDON, UK

兹经买卖双方同意成交下列商品，订立条款如下：

THE UNDERSIGNED SELLERS AND BUYERS HAVE AGREED TO CLOSE THE FOL-

LOWING TRANSACTION ACCORDING TO THE TERMS AND CONDITIONS STIPULATED BELOW：

唛头 SHIPPING MARK	货物描述及包装 DESCRIPTION OF GOODS，PACKING	数量 QUANTITY	单价 UNIT PRICE	总值 AMOUNT
M. E 2016FF LONDON C/NO. 1－400	POWER TOOLS kk1 kk2 PACKED IN ONE CARTON OF 10SET EACH	 3000SET 1000SET	CFR LONDON USD 10. 00/SET USD 11. 00/SET	 USD 30000. 00 USD 11000. 00
TOTAL		4000SET		USD 41000. 00

装运港 LOADING PORT：DALIAN PORT

目的港 DESTINATION：LONDON PORT

装运期限 TIME OF SHIPMENT：LATEST DATE OF SHIPMENT JUL. 30，2016

付款条件 TERMS OF PAYMENT：IRREVOCABLE L/C AT SIGHT

分批装运 PARTIAL SHIPMENT：ALLOWED

转船 TRANSHIPMENT：PROHIBITION

保险 INSURANCE：TO BE EFFECTED BY SELLERS FOR 110% OF FULL INVOICE VALUE COVERING ALL RISKS AND WAR RISK.

买方 THE BUYER：LILI	卖方 THE SELLER：张明
ANA COMPANY	沈阳天天工具进出口公司
	DALIAN RUIXING TOOL I/E CORP.

(一) 根据下面资料，草拟一份销售合同

1. CONTRACT NO.：AVA123

2. BUYER：AVA PRODUCTS COMPANY

3. SELLER：ABC HOUSE HOLDING APPLIANCES LTD

4. GOODS：80SETS OF MODEL FF881W REFRIGERATORS WITH THE UNIT PRICE OF $130.

5. LOADING/DESTINATION：QINGDAO，CHINA/LOS ANGELES，USA

6. TERMS OF PAYMENT：20% T/T IN ADVANCE，80% T/T BEFORE SHIPMENT

7. INSURANCE：TO BE COVERDE BY THEBUYER

8. ALLOWED PARTIAL SHIPMENTS AND TRANSSHIPMENT

（二）销售合同内容如下

销售合同

SALES CONTRACT

S/C NO.：

DATE：

卖方 SELLER：

买方 BUYER：

兹经买卖双方同意成交下列商品，订立条款如下：

THE UNDERSIGNED SELLERS AND BUYERS HAVE AGREED TO CLOSE THE FOLLOWING TRANSACTION ACCORDING TO THE TERMS AND CONDITIONS STIPULATED BELOW：

唛头 SHIPPING MARK	货物描述及包装 DESCRIPTION OF GOODS，PACKING	数量 QUANTITY	单价 UNIT PRICE	总值 AMOUNT
TOTAL				

装运港 LOADING PORT：

目的港 DESTINATION：

装运期限 TIME OF SHIPMENT：

付款条件 TERMS OF PAYMENT：

分批装运 PARTIAL SHIPMENT：

转船 TRANSHIPMENT：

保险 INSURANCE：

买方 THE BUYER：　　　　卖方 THE SELLER：

模块三　信用证操作

学习目标

知识目标：通过项目的学习，熟悉信用证的概念、特点、作用，理解信用证当事人的权利与义务，并掌握信用证业务的办理程序，明确信用证的分类，掌握信用证操作的一般流程。

能力目标：能够准确填写信用证开证申请书，能根据合同正确审核信用证，并找出信用证中的不符点。

任务一　认识信用证

任务导入

郑爽所在的天天进出口贸易公司与英国 F. F 公司就滑雪服的购买事项达成协议，双方在合同中明确规定采用信用证的支付方式。因此，英国 F. F 公司的业务员和天天进出口贸易公司的单证员郑爽需要了解并掌握信用证这种支付方式。那么，什么是信用证？采用信用证的支付方式具体操作流程有哪些？

相关知识

信用证产生于 19 世纪，这种支付方式首次使不在交货现场的买卖双方在履行合同时处于同等地位，在一定程度上使他们重新找回了“一手交钱，一手交货”的现场交易所具有的安全感，解决了双方互缺信任的矛盾。我们知道，采用汇付进行预期付款时，买方处于不利地位；采用汇付进行延期付款时，卖方则处于不利地位；而采用托收方式，即使是即期交单付款方式，对卖方来说，也是一种延期付款。因为卖方必须在装运后才能获得全套收款的单据。一旦买方拒付货款，即使货物的所有权还在卖方手里，卖方的损失还是难以避免。在这种情况下，就需要一个第三方来做担保，为此出现了信用证支付方式——由银行出面担保，只要卖方按合同规定交货，就可拿到货款，而买方又无须在卖方履行合同规定的交货义务前支付货款。信用证的产生在一定程度上减小了贸易中的信用风险，以银行信用代替了商业信用。因而，信用证成为当今国际贸易的一种主要结算方式，在我国现阶段的对外贸易中也较为常用。

一、信用证的概念

信用证（Letter of Credit，L/C），是开证行根据进口人的要求向出口人开立的在一定金额和一定期限内凭规定的单据承诺付款的书面文件。简言之，信用证是一种银行开立的有条件的承诺付款的书面文件。信用证是银行做出的有条件的付款承诺，属于银行信用。

信用证并无统一格式，但其主要内容一般有以下几项。

（1）对信用证本身的说明。主要是信用证的种类和性质（如即期或远期、可转让性等）、编号、金额、开证日期、交单期、有效期及到期地点、当事人（如开证申请人、开证行、通知行、受益人、议付行等）和地址等。

（2）对货物的要求。包括货物的名称、品质、规格、数量、包装、运输标志、单价等。

（3）对运输的要求。包括装运期限、装运港、目的港、运输方式、可否分批装运或中途转运等。

（4）对单据的要求。如单据的名称、内容、份数和种类等。单据主要分为三类：①货物的单据（包括发票、装箱单、重量单、产地证、商检证等）；②运输单据（提单等）；③保险单据。

（5）特殊条款。根据进口国政治经济贸易情况的变化或每一笔具体业务的需要，可做出不同的规定。

（6）开证行对受益人和汇票持有人保证付款的责任文句。

知识链接

SWIFT 信用证简介

SWIFT 信用证是“Society for Worldwide Interbank Financial Telecommunications”（全球银行间金融电讯协会）的简称。该组织于 1973 年在比利时成立，协会已有 209 个国家的 9000 多家银行、证券机构和企业客户参加，通过自动化国际金融电讯网办理成员银行间资金调拨，汇款结算，开立信用证，办理信用证项下的汇票业务和托收等业务。目前开立 SWIFT 信用证的格式代号为 MT700 和 MT701，下面对 MT700 格式做简单介绍，如表 3－1 所示。

表3－1　**MT700 Issue of a Documentary Credit**

M/O（项目类型）	Tag（代号）	Field Name（栏目名称）	Content/Options（内容）
M	27	Sequence of Total（合计次序）	信用证的页次
M	40A	Form of Documentary Credit（跟单信用证类别）	信用证的类型
M	20	Documentary Credit Number（信用证号码）	开证行编制的流水号
O	23	Reference to Pre－Advice（预通知的编号）	预先通知号码
O	31C	Date of Issue（开证日期）	信用证开立的日期
M	31D	Date and Place of Expiry（到期日及地点）	信用证规定的最迟提交单据的日期和地点
O	51a	Applicant Bank（申请人的银行）	开立信用证的银行的名称和代码
M	50	Applicant（申请人）	一般为进口商的名称和地址
M	59	Beneficiary（受益人）	一般为出口商的名称和地址
M	32B	Currency Code，Amount（币别代号、金额）	开证行承担付款责任的最高限额和币种
O	39A	Percentage Credit Amount Tolerance（信用证金额加减百分比）	（信用证金额上下浮动允许的最大范围）该项目的表达方法较为特殊，数值表示百分比的数值，如5/5，表示上下浮动最大为5%
O	39B	Maximum Credit Amount（最高信用证金额）	信用证最大限制金额
O	39C	Additional Amounts Covered（可附加金额）	额外金额，表示信用证所涉及的保险费、利息、运费等金额
M	41A	Available with... by...（向……银行押汇，押汇方式为……）	指定的有关银行及信用证总付的方式
O	42C	Drafts at...（汇票期限）	汇票付款日期，必须与42A同时出现
O	42A	Drawee（付款人）	汇票付款人名称，必须与42C同时出现

续 表

M/O（项目类型）	Tag（代号）	Field Name（栏目名称）	Content/Options（内容）
O	42M	Mixed Payment Details（混合付款指示）	混合付款条款
O	42P	Deferred Payment Details（延迟付款指示）	迟期付款条款
O	43P	Partial Shipments（分批装运）	表示该信用证的货物是否可以分批装运
O	43T	Transshipment（转运）	表示该信用证是直接到达，还是通过转运到达
O	44A	Loading on Board/Dispatch/Taking in Change at/from...（由……装船/发运/接管地点）	装船、发运和接收监管的地点
O	44B	For Transportation to...（装运至……）	货物发运的最终地
O	44C	Latest Date of Shipment（最后装运日）	装船的最迟的日期，44C与44D不能同时出现
O	44D	Shipment Period（装运期间）	船期
O	45A	Description of Goods and/or Services（货物描述及/或交易条件）	（货物描述）货物的情况、价格条款
O	46A	Documents Required（应具备单据）	各种单据的要求
O	47A	Additional Conditions（附加条件）	特别条款
O	71B	Charges（费用）	表明费用是否有受益人（出口商）出，如果没有这一条，表示除了议付费、转让费以外，其他各种费用由开信用证的申请人（进口商）支付
O	48	Period for Presentation（交单期限）	信用证项下全套单据必须提交的期限
M	49	Confirmation Instructions（保兑指示）	开证行是否要求保兑的指示
O	53A	Reimbursement Bank（清算银行）	偿付行
O	78	Instructions to the Paying/Accepting/Negotiation Bank（对付款/承兑/议付银行之指示）	开证行对付款行、承兑行、议付行的指示
O	57A	"Advise Through" Bank（通知银行）	通知行
O	72	Sender to Receiver Information（银行间的通知）	附言

二、信用证的一般程序

(一) 信用证的主要当事人

信用证的当事人主要有以下6种，如表3－2所示。

表3－2 信用证的主要当事人

主要当事人	内容
开证申请人（Applicant）	指向银行申请开立信用证的人，一般为进口商
开证行（Opening Bank，Issuing Bank）	指接受开证申请人的委托，开立信用证的银行
通知行（Advising Bank，Notifying Bank）	指受开证行的委托将信用证转交出口商（受益人）的银行。它只证明信用证的真实性，并不承担其他义务
受益人（Beneficiary）	指信用证上指明有权使用该证的人，一般为出口商
议付行（Negotiating Bank）	指愿意买入或贴现受益人交来跟单汇票和单据的银行。议付行可以是指定的银行，也可以是非指定的银行
付款行（Paying Bank，Drawee Bank）	指信用证上指定的付款行。如果信用证未指定付款行，开证行即为付款行

信用证的当事人除上述6种之外，根据需要还可以涉及的当事人有保兑行（Confirming Bank）、偿付行（Reimbursement Bank）、承兑行（Accepting Bank）和转让行（Transferring Bank）等。

(二) 信用证支付方式的一般程序

信用证支付方式的一般程序如图3－1所示。

三、信用证的特征

信用证的特征主要包括以下方面。

(1) 信用证是一项自足文件（self－sufficient instrument）。信用证不依附于买卖合同，银行在审单时强调的是信用证与基础贸易相分离的书面形式上的认证。

(2) 信用证方式是纯单据业务（pure documentary transaction）。信用证是凭单付款，不以货物为准，只要单据相符，开证行就应无条件付款。

(3) 开证银行负首要付款责任（primary liabilities for payment）。信用证是一种银行信用，它是银行的一种担保文件，开证银行对支付有首要付款的责任。

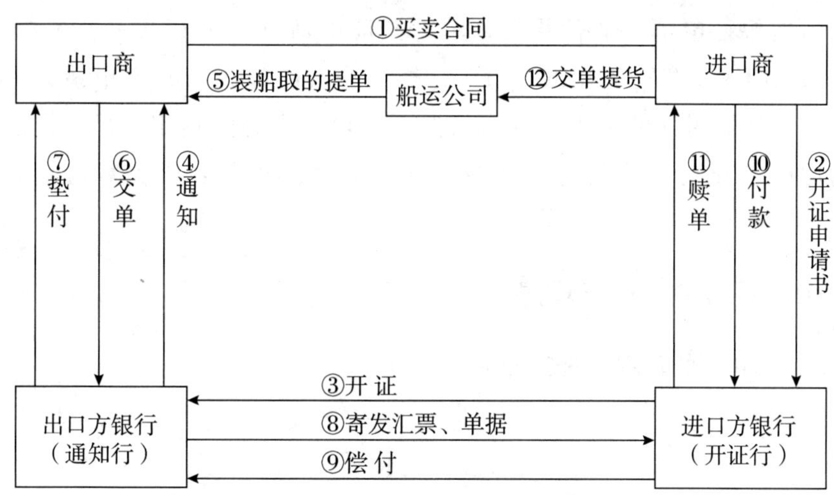

图 3－1　信用证支付方式的一般程序

说明：①买卖双方在贸易合同中规定使用信用证支付。

②买方通知当地银行（开证行）开立以卖方为受益人的信用证，并向开证行递交开证申请书，约定信用证内容，并支付押金或提供保证人。

③开证行接受开证申请书后，根据申请开立信用证，正本寄给通知行，指示其转递或通知出口商。

④由通知行转递信用证或通知出口方信用证已开立。

⑤出口商认真核对信用证是否与合同相符，如果不符，可要求进口商通过开证行进行修改，待信用证无误后，出口商根据信用证备货、装运、开立汇票并缮制各类单据，船运公司将装船的提单交予出口商，即装运货物。

⑥卖方将单据向指定银行提交。该银行可能是开证行，或是信用证内指定的付款、承兑或议付银行。

⑦该银行按照信用证审核单据。如单据符合信用证规定，银行将按信用证规定进行支付、承兑或议付。

⑧开证行以外的银行将单据寄送开证行。

⑨开证行审核单据无误后，以事先约定的形式，对已按照信用证付款、承兑或议付的银行偿付。

⑩进口方付款赎单，如发现不符，可拒付款项并退单。进口人发现单证不符，也可拒绝赎单。

⑪开证行将单据交予进口商。

⑫进口商凭单据提货。

任务二　开立信用证

任务导入

英国 F. F 公司按期在合同规定的开证时间内，通过英国兴业银行（Societe Generale）及时向天天进出口贸易公司开来本交易项下的不可撤销跟单信用证。对此，买卖双方的具体任务：英国 F. F 公司按合同要求填写开证申请，向银行开立信用证。

相关知识

当进出口双方在贸易合同中确立以信用证方式结算后，进口方即可按贸易合同规定向当地银行申请开立信用证，填写开证申请书（APPLICATION FOR IRREVOCABLE DOCUMENTARY CREDIT）。这样，进口商即成为开证申请人，开证申请书是银行开具信用证的依据。银行按照开证申请书开立信用证后，在法律上就与进口商构成了开立信用证的权利与义务的关系，两者之间的契约就是开证申请书。

一、申请开立信用证的程序

申请开立信用证的程序如图 3－2 所示。

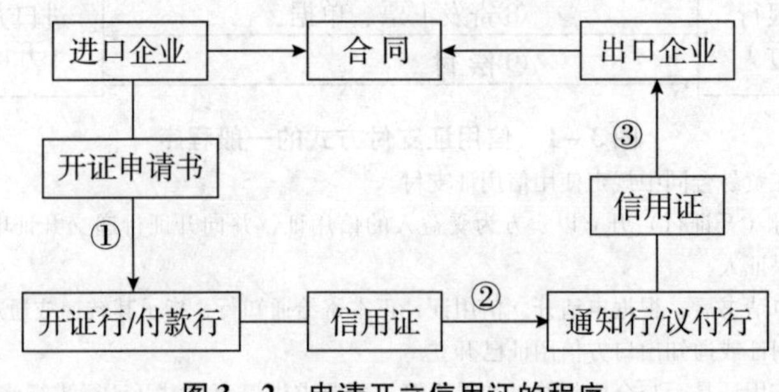

图 3－2　申请开立信用证的程序

二、开证申请书的填制

信用证申请书的格式和内容大致相同，现以中国银行的格式为例，介绍开证申请填制的内容及方法。

（1）申请开证日期：在申请书右上角。

（2）传递方式有四种，即信开（航空邮寄）、电开（电报）、快递、简电后随寄电报证实书，需要哪一种方式，在前面方框中打“×”。

（3）信用证性质：不可撤销跟单信用证已印制好，如要增加保兑或可转让等内容，可加上。信用证号码由开证行填写。信用证有效期及到期地点，由申请人填写。

（4）申请人：必须填写全称及详细地址，还要注明联系电话、传真等号码，便于有关当事人之间的联系。

（5）受益人：必须填写全称及详细地址，也要注明联系电话、传真等号码，便于联系。

（6）通知行：由开证行填写。

（7）信用证金额：必须用数字和文字两种形式表示，并且要表明币种。信用证金额是开证行付款责任的最高限额，必须根据合同的规定明确表示清楚，如果有一定比率的上下浮动幅度，也应表示清楚。

（8）分批与转运：应根据合同的规定明确表示“允许”或“不允许”，在选择的项目前方框中打“×”。

（9）装运条款：应根据合同规定填写装运地（港）及目的地（港），最晚装运日期，如有转运地（港）也应写清楚。

（10）价格术语：有 FOB、CFR、CIF 及“其他条件”四个备选项目，根据合同成交的贸易术语在该项前方框中打“×”，如是其他条件，则在该项目后面写明。

（11）付款方式：信用证有效兑付方式有四种选择——即期支付、承兑支付、议付、延期支付，应根据合同规定，在所选方式前的方框中打“×”。

（12）汇票要求：应根据合同的规定，填写信用证项下应支付发票金额的百分之几。另外，还应填写汇票的支付期限。最后是填写付款人，根据《UCP600》的规定，信用证项下汇票的付款人必须是开证行或指定付款行。

（13）单据条款：印制好的单据要求共 12 条，其中第 1 条到第 12 条是针对具体的单据，第 12 条是“其他单据”，即以上 12 种单据以外的单据要求，可填在第 13 条中。有几条可顺序添加几条。

（14）合同项下的货物包括货物的名称、规格、数量、包装、单价条款、唛头等。所有内容必须与合同规定一样，尤其是单价条款、数量条款不得有误。包装条款如有特殊要求的，如包装规格、包装物的要求等，应具体、明确表示清楚。

（15）附加条款：印制好的有 6 条，其中第 1 条至第 6 条是具体的条款要求，如需要可在前面括号里打“×”，内容不完整的，可根据合同规定和买方的需要填写清楚，第 7 条是“其他条款”，即以上 6 条以外还有附加条款的，可填在该条款中，有几条可顺序添加几条。

（16）申请书下面是有关申请人的开户银行（银行名称）、账户号码、执行人、联系电话、申请人（法人代表）签字等内容。

知识链接

开立信用证的注意事项

（1）申请开立信用证前，一定要落实进口批准手续及外汇来源。

（2）开证时间的掌握应在卖方收到信用证后能在合同规定的装用期内出运为原则。

（3）开证要求“证同一致”，必须以对外签订的正本合同为依据。

（4）在信用证中规定是否允许分批装运，转运、不接受第三者装运单据等条款。

（5）明确信用证类型。

（6）合同中规定的条款应转化为相应的信用证条款，因为信用证结算方式下，只要单据表面与信用证条款相符合，开证行就必须按规定付款。如信用证申请书中含有某些条件而未标明应提交与之相应的单据，银行将认为未列此条款，而不予理睬。

（7）信用证内容准确无误，明确规定各种单据出单人，规定各单据表述的内容。

（8）由于银行是凭单付款，不管货物质量如何，也不受合同约束，所以为使货物质量符合规定，在开立信用证时，开证申请人必须明确提出货物的规格品质，指定商检机构。

开证申请样单如图 3－3 所示。

开证申请样单

IRREVOCABLE DOCUMENTARY CREDIT APPLICATION

<table>
<tr><td colspan="2">To：开证行</td><td>Date：申请开证日期</td></tr>
<tr><td colspan="2">（　）Issue by airmail　（　）With brief advice by teletransmission
（　）Issue by express delivery
（V）（which shall be the operative instrument）</td><td>Credit No.
不填（开证行填写）
Date and place of expiry 信用证有效期和到期地点（受益人所在国）</td></tr>
<tr><td colspan="2">Applicant
开证申请人</td><td>Beneficiary（Full name and address）
受益人</td></tr>
<tr><td colspan="2">Advising Bank
通知行（议付行；卖方所在地银行）</td><td>Amount
金额小写（大写）</td></tr>
<tr><td>Partial shipments 分批规定
（　）allowed　（　）not allowed</td><td>Transshipment 转船规定
（　）allowed　（　）not allowed</td><td>Credit available with
议付行
By</td></tr>
</table>

<table>
<tr><td>Loading on board/dispatch/taking in charge at/from
装运港

not later than 最迟装运期

For transportation to: 目的港</td><td>( ) payment ( ) acceptance 承兑 (v) negotiation

against the documents detailed herein

☒ and beneficiary's draft (s) for ______ 100% of invoice value</td></tr>
<tr><td>( ) FOB ( ) CFR ( ) CIF
☐or other terms</td><td>At ______ sight
drawn on 开证行</td></tr>
<tr><td colspan="2">Documents required: (marked with ×)</td></tr>
<tr><td colspan="2">1. (×) Signed commercial invoice in __13__ copies

2. (×) Full set of clean on board Bills of Lading made out to order and blank endorsed, marked "freight to collect/ [ ] prepaid [ ] showing freight amount"
FOB 运费到付
CFR、CIF 运费预付

notifying APPLICANT ________________.

( ) Airway bills/cargo receipt/copy of railway bills issued by ________________ showing "freight [ ] to collect/ [ ] prepaid [ ] indicating freight amount" and consigned to ________________.

3. (×) Insurance Policy/Certificate in __3__ copies for __110__% of the invoice value showing claims payable in 赔付地点（买方所在地） in currency
FOB：买方租船订舱、买方投保
CFR：卖方租船订舱、买方投保
CIF：卖方租船订舱、卖方投保
of the draft, blank endorsed, covering All Risks, War Risks and ________________

4. (×) Packing List/Weight Memo in __ MONTREAL __3__ copies

5. ( ) Certificate of Quantity/Weight in ______ copies issued by ________________.

6. ( ) Certificate of Quality in ______ copies issued by [ ] manufacturer/ [ ] public recognized surveyor ________________.

7. (×) Certificate of Origin in __2__ copies.

8. (×) Beneficiary's certified copy of fax 装船通知/telex dispatched to the applicant within __2__ days after shipment advising L/C No. , name of vessel, date of shipment, name, quantity, weight and value of goods.

Other documents, if any

其他单据
EXPORT LICENCE
Certificate of Origin FORM A</td></tr>
</table>

Description of goods：
货描
QUANTITY 数量：2550PREGES
PRICE TERM：
Additional instructions：
1. （×） All banking charges outside the opening bank are for beneficiary's account.
2. （×） Documents must be presented within 21 days after date of issuance of the transport documents but within the validity of this credit.
3. （×） Third party as shipper is not acceptable，Short Form/Blank back B/L is not acceptable.
4. （ ） Both quantity and credit amount ____% more or less are allowed.
5. （×） All documents must be sent to issuing bank by courier/speed post in TWO lotS.
6. （×） Other terms，if any · ALL DOCUMENTS MUST ADVISE L/C NO. AND DATE 不符点

图 3－3 开证申请样单

实践操作

英国 F. F 公司按双方签订的合同，按要求缮制开证申请。开证申请如图 3－4 所示。

IRREVOCABLE DOCUMENTARY CREDIT APPLICATION

To：SANTANDER CENTRAL HISPANO S. A.　　　　Date：MAY. 28. 2016

Beneficiary（full name and address） DALIAN XINXIN IMPORT & EXPORT CO.，LTD 51，RENMIN ROAD DALIAN，CHINA	L/C No. Ex－Card No.（快递单号码） Contract No. 2016FF
	Date and place of expiry of the credit JULY. 20，2014 CHINA

<table>
<tr><td>Partial shipments
☐allowed ☒not allowed</td><td>Transshipment
☐allowed ☒not allowed</td><td>☐Issue by airmail 信开☐With brief advice by teletransmission 简电
☐Issue by express delivery 快递
☒Issue by teletransmission (which shall be the operative instrument) 电传</td></tr>
<tr><td colspan="2">Loading on board/dispatch/taking in charge at/from
DALIAN
Not later than JUL. 30, 2016
for transportation to LONDON</td><td>Amount (both in figures and words)
USD41000. 00
SAY U. S. DOLLARS FORTY ONE THOUSAND ONLY</td></tr>
<tr><td colspan="2">Description of goods:

POWER TOOLS</td><td>Credit available with
☐ by sight payment ☐ by acceptance ☐ by negotiation
☐ by deferred payment at
against the documents detailed herein
☒and beneficiary's draft for 100 % of the invoice value
At USD 41000. 00
on 30DAYS AFTER SIGHT</td></tr>
<tr><td colspan="2">Packing: PACKED IN ONE CARTON OF 10SET EACH</td><td>☐ FOB ☒CFR ☐CIF
☐ or other terms</td></tr>
<tr><td colspan="3">Documents required: (marked with x)
1 . (×) Signed Commercial Invoice in 3 copies indicating invoice no. , contract no. 2016FF
2. ( ) Full set of clean on board ocean Bills of Lading made out to order and blank endorsed, marked "freight ( ) to collect / ( ) prepaid ( ) showing freight amount" notifying
3. ( ) Air Waybills showing "freight ( ) to collect / ( ) prepaid ( ) indicating freight amount" and consigned to ____
4. ( ) Memorandum issued by ____________ consigned to ________
5. ( ) Insurance Policy / Certificate in copies for % of the invoice value showing claims payable in China in currency of the draft, blank endorsed, covering ( ) Ocean Marine Transportation / ( ) Air Transportation / ( ) Over Land Transportation ( ) All Risks, War Risks.
6. (×) Packing List / Weight Memo in 3 copies indicating quantity / gross and net weights of each package and packing conditions as called for by the L/C.
7. ( ) Certificate of Quantity / Weight in copies issued by an independent surveyor at the loading port, indicating the actual surveyed quantity / weight of shipped goods as well as the packing condition.
8. (×) Certificate of Quality in 2 copies issued by (×) manufacturer / ( ) public recognized surveyor / ( )
9. (×) Beneficiary's certified copy of FAX dispatched to the accountee with 1 days after shipment advising (×) name of vessel / ( ) date, quantity, weight and value of shipment.
10. ( ) Beneficiary's Certificate certifying that extra copies of the documents have been dispatched according to the contract terms.</td></tr>
</table>

11. ( ) Shipping Companies Certificate attesting that the carrying vessel is chartered or booked by accountee or their shipping agents:
12. ( ) Other documents, if any:
    a) Certificate of Origin in copies issued by authorized institution.
    b) Certificate of Health in copies issued by authorized institution.

Additional instructions:
1. (×) All banking charges outside the opening bank are for beneficiary's account.
2. (×) Documents must be presented with days after the date of issuance of the transport documents but within the validity of this credit.
3. (×) Third party as shipper is not acceptable. Short Form / Blank Back B/L is not acceptable.
4. ( ) Both quantity and amount ____% more or less are allowed.
5. ( ) prepaid freight drawn in excess of L/C amount is acceptable against presentation of original charges voucher issued by Shipping Co. / Air line / or it's agent.
6. ( ) All documents to be forwarded in one cover, unless otherwise stated above.
7. ( ) Other terms, if any:

Account No.: with SANTANDER CENTRAL HISPANO S. A. (name of bank)

Transacted by: F. F COMPANY Applicant: name, signature of authorized person)

Telephone No.: 001 - 6250474 LILI (with seal)

图 3-4 开证申请

任务三 审核、修改信用证

任务导入

天天进出口贸易公司人员需对信用证进行认真审核，对不符合出口合同规定或不能接受的信用证条款提出修改意见。对此，买卖双方的具体任务：天天进出口贸易公司审核并提请对方修改信用证。

相关知识

一、审核信用证

通知行在收到信用证后，应立即审核开证行的业务往来情况、政治背景、资信能力、付款责任和索汇路线等，同时鉴别信用证的真伪。审查无误，则在信用证正本上加盖“证实书”戳印，并将其随信用证通知书交出口方审核。受益人收到信用证后，应对照买卖合同逐条审核信用证，包括修改书，如有与合同不符的内容要争取修改。受益人对信用证的审核内容如表 3－3 所示。

表 3－3　受益人对信用证的审核内容

对信用证性质的审核	由于信用证的性质直接关系到我方能否安全收汇，因此，受益人应注意对信用证性质（如可转让性等）的审核
对信用证规定的品质、数量、包装的审核	信用证就商品名称、品质、数量、包装的规定须与合同一致，如发现与合同规定不符，我方又不能接受的，应立即要求对方改证
对信用证金额、货币的审核	信用证金额与货币应与合同金额一致，如合同定有溢短装条款，信用证金额亦有相应的增减
对信用证规定单据的审核	对信用证中所要求提供的单据种类、填写内容、文字说明、文件份数、填写方法等都要认真审核。凡是信用证中要求的单据与我国政策相抵触或根本办不到的，应及时与对方联系修改
对信用证有效期、到期地点、装运期的审核	装运期必须与合同规定的时间相一致。如因来证太晚或发生意外情况而不能按时装运，应及时电请买方展延装运期限。如来证仅规定有效期而未规定装运期时，信用证的有效期可视为装运期；来证的有效期和装运期是同一个时期，即为“双到期”的信用证，按我方能否按时装运来决定是否让对方修改有效期；一般说来，信用证的有效期与装运期一般都有一定的合理时间间隔，以便装船发运货物后有充足的时间办理制单、结汇工作。到期地点一般都要求在我国境内，如规定在国外到期地点，一般不轻易接受

二、信用证的修改

卖方在根据合同审核信用证时如发现与合同条款不符或其他错误，应立即通知买方修改信用证。凡是属于非改不可的，应及时要求进口商改证。如果信用证中需要修改的内容较多，必须一次性提出。如果一份信用证修改通知书包括多项内容时，受益人要么全部接受，要么全部拒绝。

1. 修改信用证的原则

《UCP600》规定，未经开证行、保兑行及受益人同意，信用证既不得修改，也不得撤销。信用证的修改应由开证申请人向开证行提出，由开证行修改，并经开证行、保兑行和受益人的同意，才能生效。即修改信用证的原则是：

（1）只有买方（开证人）有权决定是否接受修改信用证。

（2）只有卖方（受益人）有权决定是否接受信用证修改。

修改信用证应注意以下几点。

（1）凡是需要修改的内容，应做到一次性向客人提出，避免多次修改信用证的情况。

（2）对于不可撤销信用证中任何条款的修改，都必须取得当事人的同意后才能生效。对信用证修改内容的接受或拒绝有两种表示形式：①受益人做出接受或拒绝该信用证修改的通知；②受益人以行动按照信用证的内容办事。

（3）收到信用证修改后，应及时检查修改内容是否符合要求，并分别按情况表示接受或重新提出修改。

（4）对于修改内容要么全部接受，要么全部拒绝，部分接受修改中的内容是无效的。

（5）有关信用证修改必须通过原信用证通知行才真实有效；通过客人直接寄送的修改申请书或修改书复印件不是有效的修改。

2. 修改信用证的业务流程

修改信用证的业务流程如图 3－5 所示。

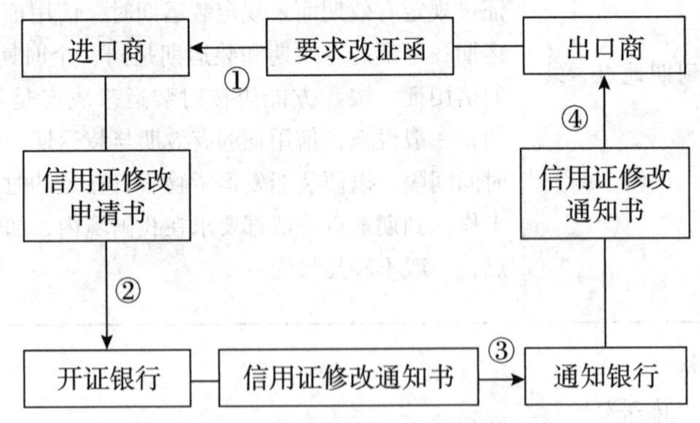

图 3－5　修改信用证的业务流程

说明：①出口商审核信用证内容是否符合合同的有关规定，如有不符点，要求进口商改证。

②进口商如需改证，向开证行递交改证申请书，要求其修改信用证。

③、④开证行将改证后的信用证修改通知书，委托通知行转交出口商。

信用证通知书如图 3 - 6 所示。

BANK OF CHINA SHANGHAI BRANCH
信用证通知书
Notification of Documentary Credit

<table>
<tr><td>To：致：
SHANGHAI IMPORT & EXPORT TRAD CORPO-
RATION 1321 ZHONGSHAN ROAD SHANGHAI</td><td>WHENCORRESPONDING
PLEASE QUOTE OUR REF NO → W556678</td></tr>
<tr><td>Issuing Bank 开证行
FUJI BANK
1013 SAKULA OTOLIKINGZA MACHI TOKYO
JAPAN</td><td>Transmitted to us through 转递行/转让行</td></tr>
<tr><td>L/C No：信用证号　　Dated 开证日期
XT173
20060510</td><td>Amount 金额
USD 32800. 00</td></tr>
<tr><td colspan="2">Dear Sirs,
谨启者：
We advise you that we have receivde from the a/m bank a（n）letter of credit，contents of which are as per attached sheet（s）.
兹通知贵司，我行收自上述银行信用证一份，现随附通知。
This advice and the attached sheet（s）must accompany the relative documents when presented for negotiation.
贵司交单时，请将本通知书及信用证一并提示。
This advice does not convey any engagement or obligation on our part unless we have added our confirmation.
本通知书不构成我行对此信用证的任何责任和义务，但本行对本证加具保兑的除外。
If you find any terms and conditions in the L/C which you are unable to comply with and or any error（s）, it is suggested that you contact applicant directly for necessary amendment（s）so as to avoid any difficulties which may arise when documents are presented.
如本信用证中有无法办到的条款及/或错误，请径与开证申请人联系，进行必要的修改，以排除交单时可能发生的问题。
THIS L/C IS ADVISE SUBJECT TO ICC UCP PUBLICATION NO. 500.
本信用证之通知系遵循国际商会跟单信用证同意惯例第 500 号出版物办理。
This L/C consists of sheet（s）, including the covering letter and attachment（s）.
本信用证连同面函及附件共 1 纸。
Remarks：
备注：</td></tr>
</table>

Yours faithfully,
For BANK OF CHINA

图 3 - 6　信用证通知书

实践操作

1. 相关资料

IRREVOCABLE DOCUMENTARY CREDIT

SEQUENCE OF TOTAL	*27：1/1
FORM OF DOC. CREDIT	*40A：IRREVOCABLE
DOC. CREDIT NUMBER	*20：FJ0788
DATE OF ISSUE	31C：140318
EXPIRY	*31D：DATE 140310 PLACE CHINA
APPLICANT	*50：ANA TOOL COMPANY 57－4，MONTREAL，SPAIN
BENEFICIARY	*59：DALIAN RUIXING IMPORT & EXPORT CO.，LTD 31，RENMIN ROAD DALIAN，CHINA
AMOUNT	*32B：CURRENCY USD AMOUNT 16000.00
AVAILABLE WITH/BY	*41D：ANY BANK IN CHINA BY NEGOTIATION
DRAFT AT…	42C：AT 90 DAYS AFTER SIGHT FOR FULL INVOICE VALUE
PARTIAL SHIPMENT	43P：PROHIBITION
TRANSSHIPMENT	43T：PERMITTED
PORT OF LOADING	44E：DALIAN
PORT OF DISCHARGE	44F：TORONTO
LATEST DATE OF SHIP.	44C：JUN. 31，2016
DESCRIPT. OF GOODS	45A： HAND TOOLS AS PER S/C NO ANA2016 FOB MONTREAL
DOCUMENTS REQUIRED	46A： +COMMERCIAL INVOICE，2 ORIGINAL AND 4 COPIES. +FULL SET Of B/L CLEAN ON BOARD MADE OUT TO ORDER OF SHIPPER AND BLANK ENDORSED AND MARKED " FREIGHT

COLLECT" AND NOTIFY APPLICANT.
+ PACKING LIST, 2 ORIGINAL AND 4 COPIES
+ INSURANCE POLICY OR CERTIFICATE BLANK ENDORSED FOR 130 PCT OF INVOICE VALUE COVERING ALL RISKS AND WAR RISK.

DETAILS OF CHARGES 71B: ALL BANK CHARGES OUTSIDE SPAIN ARE FOR THE
ACCOUNT OF THE BENEFICIARY

PRESENTATION PERIOD 48: WITHIN 15 DAYS AFTER THE DATE OF SHIPMENT BUT
WITHIN THE VALIDITY OF THE CREDIT

CONFIRMATION *49: WITHOUT

INSTRUCTION 78: THIS CREDIT IS SUBJECT TO THE U. C. P. FOR DOCUMENTARY
CREDITS (2007 REVISION) I. C. C., PUB. NO 600

2. 修改意见

出口商天天进出口公司审核编号为 F. F2016 的信用证后，发现多处不符点，并提出下列修改意见：

（1）59 受益人地址错误，根据合同应该是 51，RENMIN ROAD DALIAN，CHINA。

（2）31D 信用证到期时间与开证时间矛盾。应该在开证日期及提单日期后一段时间。

（3）44F 卸货港错误，根据合同，应该是 MONTREAL。

（4）32B 信用证金额错误，应该是 USD19000.00。

（5）43T 转船要求错，应该是 PROHIBITION。

（6）44C 最迟装运期错误，应该是 JUN. 30，2016。

（7）45A 货物描述中的价格术语错误，应该是：CFR MONTREAL。

（8）42C AT 90 DAYS AFTER SIGHT 错误，根据合同应该是 AT SIGHT。

（9）46A 保险单中的投保加成错误，根据合同投保加成应该是 10%。

（10）46A 提单条款中的"FREIGHT COLLECT"错误，根据合同应该是"FREIGHT PREPAID"。

三、信用证软条款

1. 软条款的概念

信用证中的“软条款”（Soft Clause），在我国有时也称为“陷阱条款”（Pitfall Clause），是指在不可撤销的信用证加列一种条款，使出口商不能如期发货，据此条款开证申请人（买方）或开证行具有单方面随时解除付款责任的主动权，即买方完全控制整笔交易，受益人处于受制人的地位，是否付款完全取决于买方的意愿。

2. 软条款的审核方法

（1）不是有效的信用证文件或信用证中包括有条件生效的条款。例如，信用证中有“详情后告知”“待获得有关当局签发的进口许可证后才能生效”或“待收到货样或函电确认后生效”等。

（2）做到信用证项下的相符交单取决于开证申请人行为的条款。如信用证只有在收到进口许可证方能生效，而这种生效还需经开证申请人的授权；发货需等申请人通知，申请人的通知作为结汇单据之一，客检证书等。

（3）信用证中对银行的承付或议付责任设置超出了“相符交单”若干前提条件的条款。例如，要求受益人提交开证申请人验货证明，则须待申请人确认后，开证行方可将款项贷记有关账户。

（4）信用证的规定前后矛盾致使受益人不可能做到“相符交单”的条款。例如，FOB 成交方式中要求在提单上注明“FREIGHT PREPAID”或 CFR 成交方式中要求受益人提交保险单等。

（5）受益人若按信用证的规定行事将会失去对货物所有权的控制的条款。例如，要求将提单做成以开证申请人为抬头的记名提单。

知识链接

常见的软条款（The Soft Clause）

（1）开证申请人（买方）通知船公司、船名、装船日期、目的港、验货人等，受益人才能装船。此条款使卖方装船完全由买方控制。

（2）信用证开出后暂不生效，待进口许可证签发后通知生效，或待货样经申请人确认后生效。此类条款使出口货物能否装运，完全取决于进口商，出口商则处于被动地位。出口商见信用证才能投产，生产难安排，装期紧，出运有困难。

（3）1/3 正本提单径（直）寄开证申请人。买方可能持此单先行将货提走。

（4）记名提单，承运人可凭收货人合法身份证明交货，不必提交本提单。

（5）信用证到期地点在开证行所在国，有效期在开证行所在国，使卖方延误寄单，单据寄到开证行时已过议付有效期。

（6）信用证限制运输船只、船龄或航线等条款。

（7）含空运提单的条款，提货人签字就可提货，不需交单，货权难以控制。有的信用证规定提单发货人为开证申请人或客户，可能被不法商人利用此特殊条款进行无单提货。

（8）品质检验证书须由开证申请人或其授权者签发，由开证行核实，并与开证行印鉴相符。采用买方国商品检验标准，此条款使得卖方由于采用本国标准，而无法达到买方国标准，使信用证失效。

（9）收货收据须由开证申请人签发或核实。此条款使买方拖延验货，使信用证失效。

（10）自相矛盾，即规定允许提交联运提单，又规定禁止转船。

（11）规定受益人不易提交的单据，如要求使用 CMR 运输单据（我国没有参加《国际公路货物运输合同公约》），所以我国的承运人无法开出“CMR”运输单据。

（12）一票货物，信用证要求就每个包装单位分别缮制提单。

（13）设置质量检验证书障碍，伪造质检证书。

（14）本证经当局（进口国当局）审批才生效，未生效前，不许装运。

（15）易腐货物要求受益人先寄一份提单，持此单可先行提货。

（16）货款须于货物运抵目的地经外汇管理局核准后付款。

（17）卖方议付时需提交买方在目的港的收货证明。

（18）产地证书签发日晚于提单日期，这会被怀疑未经检验，先装船，装船后再检验。

（19）延期付款信用证下受益人交单在先，银行付款在后，风险大，应加具保兑。

（20）不接受联合发票，进口国家拒绝接受联合单据。

（21）信用证规定指定货代出具联运提单，当一程海运后，二程境外改空运，容易被收货人不凭正本联运提单提货。

（22）信用证规定受益人在货物装运后如不及时寄 1/3 提单，开证申请人将不寄客检证，使受益人难以议付单据。

巩固提升

（一）根据下列资料填写开证申请书

进口商：杭州秀美化妆品贸易公司

HANGZHOU BEAUTY
COSMETICS TRADE COMPANY
168 HUSHU ROAD，HANGZHOU
CHINA

法人代表：于朵

电话：89379123

账号：31－45－89120912

出口商：日本岩谷株式会社
IWATANI CORPERATION
1－3－6 HOMMACHI，OSAKA
JAPAN

进口产品：贝齿清凉薄荷漱口水
PLAX FRESHMINT MOUTHWASH

规格：250ml/Bottle，净重 300 克（G）/Bottle

贸易术语：CIF SHANGHAI 每瓶 1.22 美元

总数量：40000 瓶（Bottles）

总金额：48800.00 美元

装运港：大阪（OSAKA）

卸货港：上海（SHANGHAI）

运输要求：不允许分批，不允许转运，一个二十尺集装箱装运

最迟装运日：2016 年 3 月 15 日

支付方式：即期议付信用证，汇票金额为发票金额的百分之百

开证日期：2016 年 2 月 5 日

开证银行：中国银行杭州分行

开证方式：SWIFT

信用证有效期：2016 年 3 月 30 日

到期地点：日本大阪

单证要求：发票一式三份显示合同号码和信用证号码
装箱单一式三份
清洁已装船提单一套，做成“凭指示”，空白背书，通知开证申请人
保险单一式两份，空白背书，承保中国人民保险公司的一切险，加一成，赔付地点为中国，赔付币制与汇票币制一致
有关当局签署的产地证一份

官方机构签署的质量检验证一份

其他要求：交单期是提单日期后 15 天内但又必须在信用证有效期内

第三方单证不接受，简式提单不接受

中国以外的银行费用由受益人承担

合同号码：YD160120

开证申请书如图 3 -7 所示。

IRREVOCABLE DOCUMENTARY CREDIT APPLICATION

To：BANK OF CHINA，HANGZHOU BRANCH　　05 FEB.，2016

<table>
<tr><td colspan="2">(　) Issue by airmail
(　) With brief advice by tele – transmission
(×) Issue by SWIFT</td><td>Credit No.
Date and place of expiry（1）</td></tr>
<tr><td colspan="2">Applicant（2）</td><td>Beneficiary（3）</td></tr>
<tr><td colspan="2">Advising bank</td><td>Amount（figure and words）（4）</td></tr>
<tr><td>Partial shipment（5）
(　) allowed
(　) not allowed</td><td>Transshipment（6）
(　) allowed
(　) not allowed</td><td rowspan="2">Credit available with（8）
by
(　) sight payment
(　) acceptance
(　) negotiation
(　) deferred payment at ____ days after
against the documents detailed herein and
(×) beneficiary's drafts for ____ % of invoice value</td></tr>
<tr><td colspan="2">Port of Loading：(7)

not later than
Port of discharge：</td></tr>
<tr><td colspan="2">(　) FOB　(　) CFR　(×) CIF
(　) Other terms</td><td>at
drawn on</td></tr>
<tr><td colspan="3">Documents required：(marked with ×)
1. (×) Signed commercial invoice in __3__ copies indicating L/C No. and contract No. HT160120
2. (×) Full set of clean on board Bill of Lading made out to order and blank endorsed marked freight (×)</td></tr>
</table>

prepaid/ ( ) collect notify APPLICANT.

( ) Air Waybill/cargo receipt/copy of railway bill issued by ______________________ showing freight prepaid ( ) / ( ) collect indicating freight amount and consigned to ______________ .

3. (×) Insurance Policy/Certificate in DUPLICATE for 110 % of invoice value showing claims payable in CHINA in the currency of the drafts, blank endorsed, covering All risks.

4. (×) Packing List in 3 copies.

5. ( ) Certificate of Quantity/weight in ___ copies issued by __________ .

6. (×) Certificate of Quality in 1 copies issued by ( ) manufacturer/ (×) public recognized surveyor/ ( )

7. (×) Certificate of Origin in 1 copies issued by COMPETENT AUTHORITIES.

8. ( ) Beneficiary's certified copy of fax/telex dispatched to the applicant within ________ hours after the shipment advising L/C No., name of vessel, date of shipment, name, quantity, weight and value of goods.

Other documents, if any

Description of goods: (9)

Additional instructions:

1. (×) All banking charges outside China are for the account of beneficiary
2. (×) Documents must be presented within 15 days after the date of issuance of the transport documents but within the validity of this credit.
3. (×) Third party documents is not acceptable, short form/blank back B/L is not acceptable.
4. ( ) Both quantity and amount ___ % more or less are allowed.
5. ( ) All documents must be forwarded in ___________ .

Other terms, if any

STAMP OF APPLICANT

(10)

图 3-7 开证申请书

（二）根据下面合同修改信用证

1. 背景资料

2016 年 7 月，青岛瑞新进出口贸易公司与韩国 ABC LEATHER BAG COMPANY 签订了一笔买卖牛皮包的合同。买方按要求开来了不可撤销信用证。相关资料见合同。

QINGDAO RUIXIN IMPORT & EXPORT CO.，LTD

NO. 231，ZHONGSHAN ROAD HE DONG DISTRICT，QINGDAO，CHINA

销售确认书

SALES CONFIRMATION

电话 TEL：021 – 89379123　　　　S/C NO.：NT950 – 1

传真 FAX：021 – 89379123　　　　DATE：AUG. 07，2016

TO MESSRS：

ABC LEATHER BAG COMPANY

24 LODIA HOTEL OFFICE 1516，DONG – GU BUSAN，KOREA

兹经买卖双方同意成交下列商品，订立条款如下：

THE UNDERSIGNED SELLERS AND BUYERS HAVE AGREED TO CLOSE THE FOLLOWING TRANSACTION ACCORDING TO THE TERMS AND CONDITIONS STIPULATED BELOW：

唛头 SHIPPING MARK	货物描述及包装 DESCRIPTION OFGOODS，PACKING	数量 QUANTITY	单价 UNIT PRICE	总值 AMOUNT
A. P. C NT950 – 1 KOREA C/NO. 1 – UP	LEATHER BAG TO BE PACKED IN STRONG WOODEN CASE（S）	100SET	CFR BUSAN KOREA USD120. 00/SET	USD 12，000. 00

装运港 LOADING PORT：QINGDAO CHINA

目的港 DESTINATION：BUSAN KOREA

装运期限 TIME OF SHIPMENT：BEFORE OCT. 02，2016

付款条件 TERMS OF PAYMENT：BY IRREVOCABLE L/C AT SIGHT

分批装运 PARTIAL SHIPMENT：ALLOWED

转船 TRANSHIPMENT：ALLOWED

保险 INSURANCE：TO BE EFFECTED BY SELLERS COVERING ALL RISKS FOR 10% OVER THE INVOICE VALUE

买方 THE BUYER：金浩 | 卖方 THE SELLER：王欣
ABC LEATHER BAG COMPANY | 青岛瑞新进出口公司
QINGDAO RUIXIN I/E CORP.

买方开来的信用证如下所示。

BANK OF KOREA LIMITED，BUSAN

SEQUENCE OF TOTAL	＊27：1/1
FORM OF DOC. CREDIT	＊40A：IRREVOCABLE
DOC. CREDIT NUMBER	＊20：K100－106062
DATE OF ISSUE	31C：20160825
EXPIRY	＊31D：DATE 20121001 PLACE BENEFICIARY COUNTRY
APPLICANT	＊50：ABC PAPERS COMPANY 24 LODIA HOTEL OFFICE 1561，DONG－GU， BUSAN，KOREA
BENEFICIARY	＊59：ART INTERNATIONAL COMPANY LIMITED NO. 321 ZHONGSHAN ROAD HE DONG DISTRICT， QINGDAO，CHINA
AMOUNT	＊32B：CURRENCY HKD AMOUNT 12，000.00
AVAILABLE WITH/BY	＊41D：ANY BANK IN CHINA BY NEGOTIATION
DRAFTS AT...	42C：DRAFT AT 30 DAYS AT SIGHT FOR FULL INVOICE COST
DRAWEE	42A：BANK OF KOREA LIMITED，BUSAN
PARTIAL SHIPMENTS	43P：NOT ALLOWED
TRANSSHIPMENT	43T：NOT ALLOWED
LOADING IN CHARGE	44A：QINGDAO CHINA
FOR TRANSPORT TO...	44B：TOKYO KOREA
LATEST DATE OF SHIPMENT	44C：20161031
DESCRIPT. OF GOODS	45A：

+COMMODITY：LEATHER BAG

PRICE TERM：CIF BUSAN KOREA

DOCUMENTS REQUIRED　　46A：

(1) COMMERCIAL INVOICE IN 3 COPIES INDICATING LC NO. & CONTRACT NO. ST05－18

(2) FULL SET OF CLEAN ON BOARD OCEAN BILL OF LADING MADE OUT TO ORDER AND

BLANK ENDORSED，MARKED FREIGHT TO COLLECT，NOTIFYING THE APPLICANT.

(3) PACKING LIST/WEIGHT LIST IN 3 COPIES INDICATING QUANTITY/GROSS AND NET WEIGHTS

(4) CERTIFICATE OF ORIGIN IN 3 COPIES

DETAILS OF CHARGES　　71B：ALL BANKING CHARGES OUTSIDE OF OPENING BANK ARE

FOR BENEFICIARY

PRESENTATION PERIOD　　48：DOCUMENTS TO BE PRESENTED WITHIN 21 DAYS AFTER THE DATE OF SHIPMENT BUT WITHIN THE VALIDITY OF THE CREDIT

CONFIRMATION　　*49：WITHOUT

INSTRUCTION　　78：THIS CREDIT IS SUBJECT TO THE U. C. P. FOR DOCUMENTARY

CREDITS（2007 REVISION）I. C. C.，PUB. NO. 600

2. 实操要求

请您以“单证员”郑爽的身份，根据背景资料及合同内容，分析审核信用证，将其中内容的不符点列出，并加以改正。

3. 信用证修改意见

____

____

____

模块四　结汇单证缮制

学习目标

知识目标： 1. 熟悉主要结汇单证的含义、作用；

2. 熟悉主要结汇单证的内容及分类。

能力目标： 能根据合同、信用证及有关资料正确缮制发票、箱单、提单、产地证、保险单和汇票等主要结汇单证。

任务一　缮制商业发票

任务导入

天天进出口贸易公司收到英国 F. F 公司开来的信用证后，安排单证部本项目的负责人审证，经审核无误后按要求及时备货，为了在合同规定的期限内能够安全收汇，单证员郑爽接下来的工作是完成相关结汇单据的制作任务，根据要求首先要完成的任务是：商业发票的缮制。

相关知识

商业发票是全套结汇单据的核心，其他单据的缮制均是以商业发票为核心来填制的。

一、商业发票的概念及作用

1. 发票的含义

商业发票（Commercial Invoice）简称发票，是出口公司对国外买方开立的载有货物名称、规格、数量、单价、总金额等方面内容的清单，供国外买方凭以收货、支付货款和报关完税使用，是所装运货物的总说明。不同发票的名称表示不同用途，要严格根据信用证的规定制作发票名称。一般发票都印有“INVOICE”字样，前面不加修饰语，如信用证规定用“COMMERCIAL INVOICE”“SHIPPING INVOICE”“TRADE INVOICE”或“INVOICE”，均可作商业发票理解。

2. 商业发票的作用

商业发票的作用有：商业发票可供进口商了解和掌握装运货物的全面情况；商业发票作为进口商记账，进口报关，海关统计和报关纳税的依据；出口商凭借商业发票的内容，逐笔登记入账。在货物装运前，出口商需要向海关递交商业发票，作为报关发票，海关凭以核算税金，并作为验关放行和统计的凭证之一；在不用汇票的情况下，商业发票可以代替汇票作为付款依据；另外，一旦发生保险索赔时，商业发票可以作为货物价值的证明等。

一般来说，发票无正副本之分。来证要求几份，制单时在此基础之上多制一份供议付行使用。如需正本，加打“ORIGIN”。

二、商业发票的种类

1. 形式发票

形式发票是在没有正式合同之前，经双方签字或盖章之后产生法律效力的充当合同的文件，它包括产品描述，单价，数量，总金额、付款方式、包装、交货期等。形式发票本来只是在客户确认了价格并下了订单之后卖方所做的使对方再次确认的发票，但在没有正式合同之前形式发票即是合同。“Proforma”是拉丁文，它的意思是“纯为形式的”，所以单从字面来理解，Proforma Invoice 是指纯为形式的，无实际意义的发票。这种发票本来是卖方在推销货物时，为了供买方估计进口成本，假定交易已经成立所签发的一种发票。实际上，并没有发出货物的事实，正因为如此，这种发票也被称之为“试算发票”。

2. 海关发票

海关发票（Customs Invoice/Certified Invoice），进口商向进口国海关报关的证件之一。是根据某些国家海关的规定，由出口商填制的供进口商凭以报关用的特定格式的发票，要求国外出口商填写，供本国商人（进口商）随附商业发票和其他有关单据，凭以办理进口报关手续。

3. 领事发票

领事发票（Consular Invoice）是由进口国驻出口国的领事出具的一种特别印就的发票，是出口商根据进口国驻在出口地领事所提供的特定格式填制，并经领事签证的发票。这种发票证明出口货物的详细情况，为进口国用于防止外国商品的低价倾销，同时可用作进口税计算的依据，有助于货物顺利通过进口国海关。对于领事发票各国有不同的规定，如允许出口商在商业发票上由进口国驻出口地的领事签证（Consular Visa），即“领事签证发票”。出具领事发票时，领事馆一般要根据进口货物价值收取一定的费用。这种发票主要为拉美国家所采用。

三、商业发票的缮制方法

商业发票没有统一的格式，每个出具商业发票的单位都有自己的发票格式。虽然格式各有不同，但是，商业发票填制的项目大同小异。商业发票内容与缮制方法如表4－1所示。

表4－1　　商业发票内容与缮制方法

内容	缮制方法
发票编号（Invoice No...）	一般由各公司统一编号。发票作为中心票据，其他票据的号码均可与此号码相一致 例如，汇票号码、出口报关单号码及附属单据号码等一般均与发票号码一致
地点及日期（Place & Date）	出票地址和日期通常在发票右上角联在一起。 ①出票地址应为信用证规定的受益人所在地，通常是议付所在地； ②在全套单据中，发票是签发日最早的单据。它只要不早于合同的签订日期，不迟于提单的签发日期即可
合同号（S/C No.）	合同号码应与信用证上列明的一致，一笔交易牵涉几个合同的，应在发票上表示出来
信用证号（L/C No.）	当采用信用证支付货款时，填写信用证号码。若信用证没有要求在发票上标明信用证号码或采用其他支付方式时，此项不填
收货人/抬头人（Consignee）	此栏前通常印有“To”“Sold to Messrs”“For Account and Risk of Messrs.”等。 抬头人即买方名称，应与信用证中所规定的严格一致。如果信用证中没有特别的规定，即将信用证的申请人或收货人的名称、地址，填入此栏。如果信用证中没有申请人名字则用汇票付款人。总之，按信用证缮制。 例如，信用证申请人为 ABC Co. Ltd.，New York，但又规定 Invoice to be made out in the name of XYZ Co. Ltd.，New York，则发票的抬头打后者

续 表

内容	缮制方法
起运及目的地（From... To...）	起讫地要填上货物自装运地（港）至目的地（港）的地名，有转运情况应予以表示。这些内容应与提单上的相关部分一致。如果货物需要转运则注明转运地。 例如，From Qingdao To New York. U. S. A. W/T Shanghai 起讫地要填上货物自装运地（港）至目的地（港）的地名，有转运情况应予以表示。这些内容应与提单上的相关部分一致。如果货物需要转运则注明转运地。 例如，From Qingdao To New York. U. S. A. W/T Shanghai
唛头及件（Marks and Numbers）	一般由四部分组成： （1）客户名称缩写（如不用客户名称，可以由发票号码/合同号码/订单号码代替）。 （2）目的港。 （3）件数。 （4）参考号。 如果无唛头，可以打上 N/M（No mark）；发票中的唛头应与提单上的唛头相一致；如果来证规定唛头，可按照信用证规定缮制唛头
数量及货物描述（Quantity and Description）	信用证支付方式下的发票对货物描述应严格与信用证的描述一致。如属托收方式的，发票对货物的描述内容可参照合同的规定结合实际情况进行填制。 货物描述内容一般包括合同的四个主要条款：数量条款、品质条款、包装条款、详见合约。有时候来证在有关货物内容引导词的引导下，还包括其他不属于这一类的内容，如有关价格、装运等条款。在制单时，应把这些内容分别填写在合适的单据和栏目中
单价（Unit price）	单价包括计价货币、计价单位、单位价格金额和贸易术语四部分，根据《UCP600》第 18 条第 a 款的规定，发票中显示的单价和币种必须与信用证的要求一致。如信用证有具体规定，则应与信用证一致。发票金额应与汇票金额相同，且不能超过信用证总金额。 在商业发票正中下方，通常印有“有错当查”（E&O. E.），即“Errors and Omissions Excepted”（错误和遗漏除外），表示发票的制作者在发票一旦出现差错时，可以纠正的意思。 例如，USD60 PER SET FOB DALIAN。 注意发票的单价必须与信用证上的单价完全一致；一定要写明货币名称、计量单位；贸易术语是关系到买卖双方的风险划分、费用负担问题，同时也是海关征税的依据，应正确缮制

续 表

内容	缮制方法
总值（Amount）	除非信用证上另有规定，货物总值不能超过信用证金额。实际制单时，来证要求在发票中扣除佣金，则必须扣除。折扣与佣金的处理方法相同，有时证内无扣除佣金规定，但金额正好是减佣后的净额，发票应显示减佣，否则发票金额超证。有时合同规定佣金，但来证金额内未扣除，而且证内也未提及佣金事宜，则发票不宜显示，等贷款收回后另行汇给买方。 另外，在 CFR 和 CIF 价格条件下，佣金一般应按扣除运费和保险费之后的 FOB 价格计算。有时，来证要求在成交价格为 CIF 时，分别列出运费、保险费，并显示 FOB 的价格，制单时可按照如下格式填写
声明文句	信用证要求在发票内特别加列船名、原产地、进口许可证号码等声明文句，制单时必须一一详列。常用的声明字句有： （1）证明所到货物与合同或订单所列货物相符。 例如，We certify that the goods named have been supplied in conformity with Order No. 123. 兹证明本发票所列货物与第 123 号合同相符。 （2）证明原产地。 例如，We hereby certify that the above mentioned goods are of Korean Origin. 兹证明所列货物系韩国产。 （3）证明货真价实。 例如，We certify that this invoice is in all respects true and correct both as regards to the price and description of the goods referred herein. 兹证明本发票所列货物在价格和品质规格各方面均真实无误
出单人签名或盖章	发票的出票人一般为出口公司，出票人栏主要填写出口商的名称和地址。信用证支付方式下出票人应与信用证上受益人的名称地址等完全一致。 除非信用证另有规定，如果用影印、电脑处理或者复写方法制作出来的发票，应该在作为正本的发票上注明“正本”（ORIGINAL）的字样，并且由出单人签字。“UCP600”规定商业发票可不必签字，但有时来证规定发票需要手签的，则不能盖胶皮签字章，必须手签。对墨西哥、阿根廷出口商品，即使信用证没有规定，也必须手签

实践操作

DALIAN XINXIN TOOL IMPORT & EXPORT CO., LTD

51, RENMIN ROAD DALIAN, CHINA

COMMERCIAL INVOICE

INV NO.: DL2016

电话 TEL: 0411 - 89379123　　S/C NO.: 2016FF

传真 FAX: 0411 - 89379123　　DATE: MAR. 10, 2016

TO MESSRS:

F. F COMPANY

3 - 7 HOLY GREEN, LONDON, UK

SHIPPING MARK	DESCRIPTION OFGOODS, PACKING	QUANTITY	UNIT PRICE	AMOUNT
M. E 2016FF LONDON C/NO. 1 - 400	HAND TOOLS MM1 MM2 PACKED IN ONE CARTON OF 10SET EACH	3000SET 1000SET	CFR LONDON USD 10. 00 USD 11. 00	USD 30000. 00 USD 11000. 00
TOTAL		4000SET		USD 41000. 00

TOTAL AMOUNT: SAY US DOLLARS FORTY ONE THOUSANDS ONLY

WE HEREBY CERTIFY THAT THE CONTENTS OF INVOICE HEREIN ARE TRUE AND CORRECT.

DALIAN RUIXING TOOL I/E CORP.

lili

任务二　缮制包装单据

任务导入

单证员郑爽根据信用证及合同等资料，首先完成了商业发票的制作任务，根据合同要求接下来她将要完成哪些任务呢？

相关知识

一、包装单据的含义及作用

1. 包装单据的含义

包装单据（Packing Documents）是指一切记载或描述商品包装情况的单据，是商业发票的补充单据，也是货运单据中一项重要单据。除散装货物外，多为不可缺少的文件。进口地海关验货，公证行验证，进口商核对货物时，都可以包装单据为依据，使其了解包装件号内的其证的规定，既为银行所接受，又能满足客户的要求原则。

2. 包装单据的作用

包装单据的作用主要体现在以下几方面。

（1）包装单据是出口商制作商业发票及其他单据时计量、计价的基础资料。

（2）包装单据是进口商清点数量或重量以及销售货物的依据。

（3）包装单据是海关查验货物的凭证。

（4）包装单据是公证或商检机构查验货物的参考资料。

二、包装单据种类

根据不同商品有不同的包装单据，常用的有以下几种：

①装箱单（Packing List/Packing Slip）；②包装明细单（Packing Specification）；③详细装箱单（Detailed Packing List）；④包装提要（Packing Summary）；⑤重量单（Weight List/Weight Note）；⑥重量证书（Weight Certificate/Certificate of Weight）；⑦磅码单（Weight Memo）；⑧尺码单（Measurement List）；⑨花色搭配单（Assortment List）。

另外，《UCP 600》指出：“只要包装单据内容符合信用证的要求，能反映所规定的单据功能，不要求名称与信用证一字不差。”但我们制单时，还是应注意从严把握，尽量一致。

出口商应根据进口商要求及不同商品的特点提供适当的包装单据，应以既能符合信用证的规定，为银行所能接受，又能满足客户的要求为原则。以下介绍几种包装单据的内容缮制要求。

1. 装箱单（Packing List/Packing Slip）

装箱单又称包装单，重点说明每件商品包装的详细情况，表明货物名称、规格、数量、唛头、箱号、件数、重量以及包装情况，尤其对不定量包装的商品要逐件列出每件包装的详细情况。对定量箱装，每件商品都是统一的重量，则只需说明总件数多少、每箱多少重量、合计重量多少，如果信用证来证条款要求提供详细包装单，则必须提供今年可能详细的装箱内容，描述每件包装的细节，包括商品的货号、色号、尺寸搭配、毛净重及包装的尺寸等内容。

2. 重量单（Weight List/Weight Note）

重量单是在排除装箱单上提供的内容外，尽量详细地表明商品每箱毛重、净重及总重量的情况，供买方安排运输、存仓时参考。重量单一般起码要具备编号及日期，商品名称、唛头、毛重、净重、皮重、总件数等内容。

3. 尺码单（Measurement List）

尺码单偏重于说明货物每件的尺码和总尺码，即在装箱单内容的基础上再重点说明每件不同规格项目的尺码和总尺码。如果货物不是每件统一尺码的应逐渐列明每件的尺码。

其他还有花色搭配单（Assortment List），包装说明（Packing Specification），详细装箱单（Detailed Packing List），包装提要（Packing Summary），重量证书（Weight Certificate/Certificate of Weight），磅码单（Weight Memo）等。

三、包装单据的缮制方法

装箱单无统一格式，各出口企业制作的装箱单大致相同。其主要内容和缮制方法如表4－2所示。

表4－2　　主要内容与缮制方法

主要内容	缮制方法
出口企业名称和地址（Exporter's Name and Address）	出口企业的名称、地址应与发票同项内容一致，缮制方法相同
单据名称（Name of Document）	单据名称通常用英文粗体标出。常见的英文名称有 Packing List（Note），Packing Specifications，Specifications。实际使用中，应与信用证要求的名称相符，倘若信用证未作规定，可自行选择
装箱单编号（No.）	装箱单编号一般填发票号码，也可填合同号
出单日期（Date）	出单日期填发票签发日，不得早于发票日期，但可晚于发票日期1～2天
唛头（Shipping Mark）	唛头制作要符合信用证的规定，并与发票的唛头相一致
品名和规格（Name of Commodity and Specifications）	品名和规格必须与信用证的描述相符。规格包括商品规格和包装规格，例如，Packed in polythene bags of 3k each，and then in inner box，20 boxes to a carton.（每3千克装一塑料袋，每袋装一盒，20盒装一纸箱）
数量（Quantity）	数量填写实际件数，如品质规格不同应分别列出，并累计其总数

续 表

主要内容	缮制方法
单位（Unit）	指外包装的包装单位，如箱、包、桶等
毛重（Gross Weight）	毛重填入外包装每件重量，规格不同要分别列出，并累计其总量
净重（Net Weight）	净重填写每件货物的实际重量并计其总量
尺码（Measurement）	尺码填写每件包装的体积、并表明总尺码
签章（Signature）	出单人签章应与商业发票相符，如果信用证规定中性包装，此栏可不填

实践操作

DALIAN XINXIN TOOL IMPORT & EXPORT CO.，LTD

51，RENMIN ROAD DALIAN，CHINA

PACKING LIST

INV NO.：DL2016

电话 TEL：0411 -89379123

S/C NO.：2016FF

传真 FAX：0411 -89379123

DATE：MAR. 10，2016

TO MESSRS：

F. F COMPANY

3 -7 HOLY GREEN，LONDON，UK

C/NOS AND MARKS	DESCRIPTION OFGOODS，PACKING	QTY (PCS)	G. W (KGS)	N. W (KGS)	MEAS (M^3)
M. E 2016FF LONDON C/NO. 1 -400	POWER TOOLS KK1 KK2 PACKED IN ONE CARTON OF 10SET EACH	3000SET 1000SET	33000 11000	30000 10000	0. 33 1. 10
TOTAL		4000SET	44000	40000	89

TOTAL AMOUNT：SAY TOTAL ONE HUNDRED AND THIRTY CARTONS ONLY

WE HEREBY CERTIFY THAT THE CONTENTS OF PACKING LIS HEREIN ARE TRUE AND CORRECT.

DALIAN RUIXING TOOL I/E CORP.

郑爽

知识链接

包装单据的分类

（1）包装单据名称与信用证内规定名称一致，因为包装单据的内容，既包括包装的商品内容，也包括包装的种类和件数，每件毛重和总的毛重和净重，每件尺码和总尺码（体积）。

（2）包装单据应列明每件毛重和净重，总的毛重和净重数字，必须与发票、运输单据、产地证及出口许可证的数字相符。

（3）如果信用证规定列明内包装情况（Inner Packing），必须在单据中充分表示出来，例如，信用证规定，每件装一胶袋，每打装一盒，每十打装一纸箱，则需要证明："Packing each piece in a poly bag，onedozen in a cardbord box and then 10 dozens in a carton".

（4）重量单如冠以 Certificate of Weight（重量证明）以加注："We certify that the weight are true and correct"的证明句为好。

（5）进口商把商品转售给第三方时一般只交付包装单和货物，不会透露购买成本，因此装箱单据一般不会显示货物的单价和总和。

（6）为了符合信用证不接受连和单据的要求，可以利用装箱单分别冠以重量单，尺码单的单据，一次缮制，按照信用证规定的份数分别提供给银行。

任务三　缮制原产地证书

任务导入

沈阳天天进出口贸易公司的单证员郑爽查阅了相关信用证条款，发现本批货物还要求向相关机构申请产地证明书，那么外贸出口需要的产地证书有哪些种类？他们应该如何缮制呢？

相关知识

一、原产地证书的含义及作用

1. 原产地证书的含义

原产地证书（Certificate of Origin），是出口国的特定机构出具的证明其出口货物为该国家（或地区）原产的一种证明文件。《中华人民共和国出口货物原产地证明书》是证明有关出口货物原产地为中华人民共和国的证明文件。

2. 原产地证书的作用

对进口国而言，出口国签发的原产地证书的作用主要体现在五个方面：①确定税率待遇的主要依据；②进行贸易统计的重要依据；③实施进口数量控制、反倾销、反补贴等外贸管理措施的依据；④控制从特定国家进口货物，确定准予放行与否的依据；⑤证明商品内在品质或结汇的依据。

二、原产地证书的种类

原产地证书分为一般产地证和普惠制产地证。一般产地证的全称是 CERTIFICATE OF ORIGIN。C. O. 产地证又称一般产地证，是原产地证的一种。C. O. 产地证是用以证明有关出口货物制造地的一种证明文件，是货物在国际贸易行为中的“原籍”证书，在特定情况下进口国据此对进口货物给予不同的关税待遇。中国为出口货物签发的原产地证书有以下几种。

1. 非优惠原产地证书

《中华人民共和国原产地证书》即通常所称的“一般原产地证书”，简称 CO 证书。该证书是根据《中华人民共和国进出口货物原产地条例》为中国出口货物签发的原产地证书。签证依据为《中华人民共和国进出口货物原产地证条例》及《关于非优惠原产地规则中实质性改变标准的规定》。对仅在中国进行简单的加工装配，未取得中国原产资格的产品，可以申请“加工装配证书”。对仅在中国进行转口，未经过任何加工的货物，可以签发“转口证书”。

C. O. 产地证则是各国海关据以征收关税和实施差别待遇的有效凭证。该证书的主要作用：核定关税的依据；确定采用何种非关税措施的依据；国家贸易统计和制定政策的依据。

2. 优惠性原产地证书

优惠性原产地证书即指普惠制原产地证书。普惠制原产地证书（即 FORM A 证书）是指根据普惠制给惠国原产地规则和有关要求签发的原产地证书，它是受惠国货物出口到给惠国时享受普惠制关税优惠待遇的官方凭证。普惠制原产地证书上所列的商品只有符合有关给惠国的普惠制原产地规则才有资格享受减免关税待遇。目前给予中国普惠制待遇的国家共有 39 个，分别为英国、法国、德国、意大利、荷兰、卢森堡、比利时、爱尔兰、丹麦、希腊、西班牙、葡萄牙、奥地利、瑞典、芬兰、波兰、匈牙利、捷克、斯洛伐克、斯洛文尼亚、爱沙尼亚、拉脱维亚、立陶宛、塞浦路斯、马耳他、保加利亚、罗马尼亚、瑞士、列支敦士登、挪威、俄罗斯、白俄罗斯、乌克兰、哈萨

克斯坦、日本、澳大利亚、新西兰、加拿大、土耳其、美国（除美国外，其他 39 个国家均给予中国普惠制待遇）

三、申请签发一般原产地证明书应提供的单证与资料

申请签发一般原产地证明书应提供的单证与资料包括：一般原产地证明书申请书一份；一般原产地证明书（CERTIFICATE OF ORIGIN）一套；商业发票、装箱单各一份。

知识链接

原产地证书的申请资格及注册登记

1. 企业申请资格的条件：

（1）境内依法设立；

（2）享有对外贸易经营权的企业（外贸及生产企业）；

（3）从事“三来一补”的外商投资企业；

（4）其他。

2. 注册登记应提供的材料：

（1）政府主管部门授予企业进出口经营权的文件及复印件；

（2）经当年工商部门年检的企业营业执照副本及复印件；

（3）企业原产地证注册登记表出口企业应依据《中华人民共和国进出口货物原产地条例》的有关规定，在签证机构办理原产地证注册登记手续，如实申报出口货物的原产地，并向签证机构提供签发出口货物原产地证书所需的资料。

经审核合格后，签证机构将颁发企业注册登记证及申领员证，注册企业即可申领原产地证及相关业务；注册有效期为一年，注册企业要按规定时间到签证机构进行年度审核，未经年度审核，不得继续申办原产地证及相关业务。

四、一般原产地证书的缮制方法

一般原产地证书共有 12 项内容，除证书号（Certificate No.）由发证机构指定以外，其余各栏均由出口企业用英文规范打印。

各栏内容和缮制要求逐项说明如表 4－3 所示。

表 4-3　各栏内容和缮制要求逐项说明

各栏内容	缮制要求
Exporter （出口商品名称、地址和国别）	此栏出口商名称必须是经检验检疫局登记注册，其名称、地址必须与注册档案一致。必须填明在中国境内的出口商详细地址、国名（CHINA）。如果出口单位是其他国家或地区某公司的分公司，申请人要求填境外公司名称时可填写。但必须在中国境内的出口商名称后加上 ON BEHALF OF（O/B）或 CARE OF（C/O）再加上境外公司名称
Consignee （收货人名称、地址和国别）	一般应填写最终收货人名称，即提单通知人或信用证上特别声明的收货人，如最终收货人不明确或为中间商时可填"TO ORDER"字样
Means of transport and route （运输方式和路线）	填明装货港、目的港名称及运输方式（海运、空运或陆运）。经转运的，应注明转运地。格式为"FROM... TO... BY...（VIA...）"。多式联运要分阶段说明。 例如，By S. S. from Shanghai to Hamburg via Hong Kong
Country/region of destination （目的地，指货物最终运抵港或国家、地区）	一般应与最终收货人（第 2 栏）一致。不能填写中间商国家名称。 例如，New York，U. S. A.
For certifying authority use only （签证机构专用栏，此栏留空）	签证机构在签发后发证书、补发证书或加注其他声明的使用
Marks and numbers （唛头及包装号）	此栏应照实填写出口发票上所列唛头的完整的图案、文字标记及包装号。如唛头多本栏填不下，可填在第 7、第 8、第 9 栏的空白处，如还不够，可以附页填写。如图案文字无法缮制，可附复印件，但须加盖签证机构印章。如无唛头，应填 N/M 字样。此样不得出现"中国香港、中国台湾或其他国家和地区制造"等的字样
Number and kind of packages; description of goods （商品名称、包装及种类）	此栏应填明商品总称和具体名称。在商品名称后须加上大写的英文数字并用括号加上阿拉伯数字及包装种类或度量单位。如同批货物有不同品种则要有总包装箱数。最后应加上截止线，以防止填伪造内容。国外信用证有时要求填具合同、信用证号码等，可加在截止线下方空白处。 例如，"ONE HUNDRED AND TWENTY（120）CARTONS OF WORKING GLOVES"

续　表

各栏内容	缮制要求
H. S Code （商品编码）	此栏要求填写四位数的 H. S. 税目号，若同一证书含有多种商品，填写相应的全部税目号
Quantity （数量和重量）	此栏应填写商品的计量单位。以重量计算的要填注毛重或净重。若同一证书包含有多种商品，则量值的填写必须与第 7、第 8 栏中商品名称、商品编码相对应，有的还必须填写总数。 例如，3200DOZ/6300KGS
Number （发票号与日期）	此栏不得留空。必须按照所申请出口货物的商业发票填写。月份一律用英文缩写。该栏日期应早于或同于第 11 和第 12 栏的申报和签发日期。 例如，OCT. 17，2017
Declaration by the exporter （出口商声明）	该栏由申领单位已在签证机构注册的人员签字并加盖企业中英文印章，手签人的签字与印章不得重合。同时填写申领地点和日期，该栏日期不得早于发票日期（第 10 栏）
Certification （签证机构注明）	申请单位在此栏填写签证日期和地点，然后，由签证机构已授权的签证人签名、盖章。 签发日期不得早于发票日期（第 10 栏）和申请日期（第 11 栏）。如有信用证要求填写签证机关名称、地址、电话、传真以及签证人员姓名的，需仔细核对，要求准确无误

一般原产地证明书（C. O. ）可以分为两种，一种是由中国国际贸易促进委员会（简称 CCPIT）签发，另一种是由中国进出口检验检疫中心（CIQ）签发。其中 CCPIT 是可以代表中国国际商会的机构，所以国外进口商要求出口方出具由中国商会签发的 CO 时，可以去贸促会加盖“CCPIT 代表中国商会”的章。

实践操作

ORIGINAL 如图 4－1 所示。

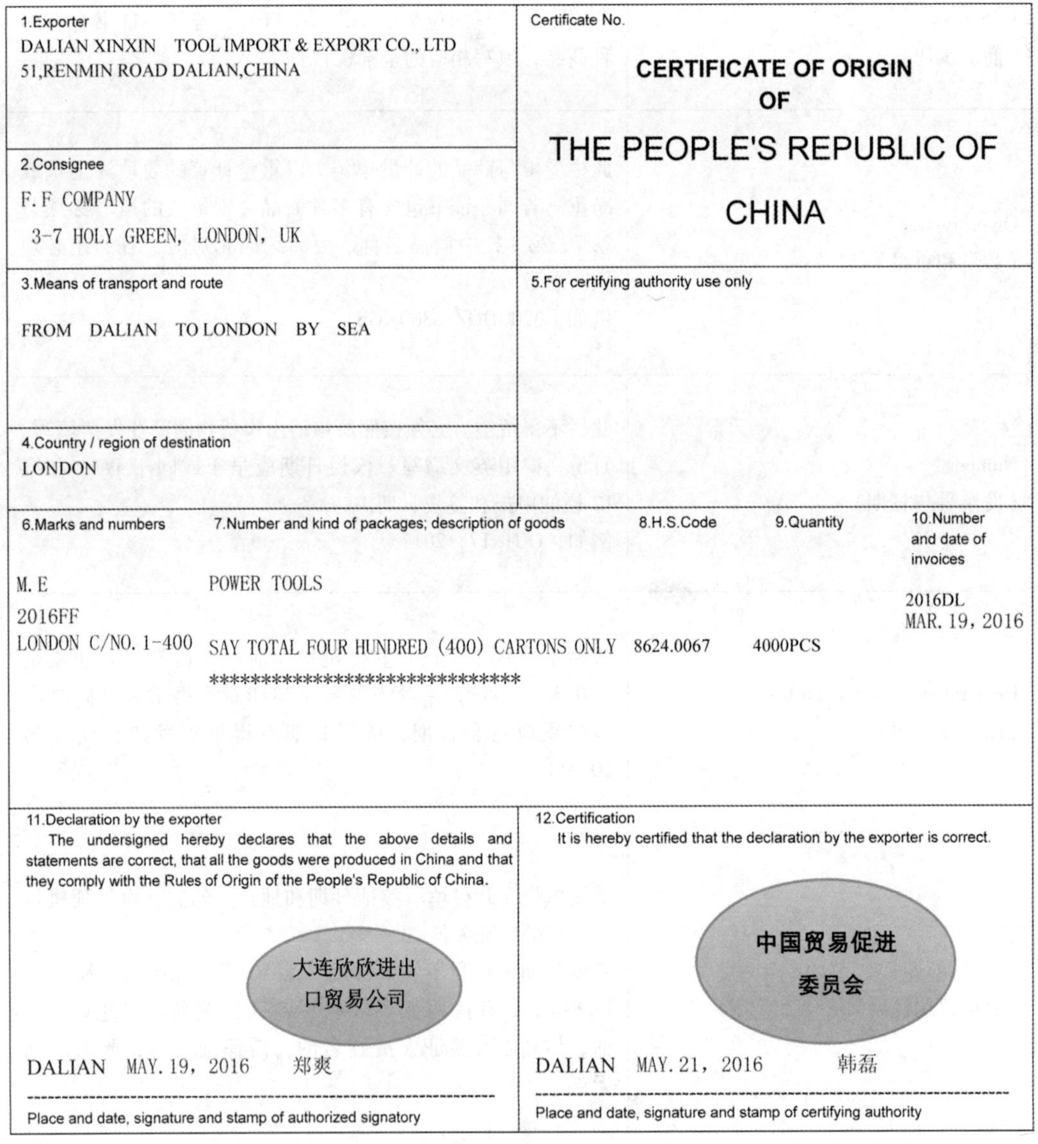

1.Exporter DALIAN XINXIN TOOL IMPORT & EXPORT CO., LTD 51,RENMIN ROAD DALIAN,CHINA	Certificate No. **CERTIFICATE OF ORIGIN OF THE PEOPLE'S REPUBLIC OF CHINA**
2.Consignee F.F COMPANY 3-7 HOLY GREEN, LONDON, UK	
3.Means of transport and route FROM DALIAN TO LONDON BY SEA	5.For certifying authority use only
4.Country / region of destination LONDON	

6.Marks and numbers	7.Number and kind of packages; description of goods	8.H.S.Code	9.Quantity	10.Number and date of invoices
M.E 2016FF LONDON C/NO.1-400	POWER TOOLS SAY TOTAL FOUR HUNDRED (400) CARTONS ONLY ********************************	8624.0067	4000PCS	2016DL MAR.19，2016

11.Declaration by the exporter The undersigned hereby declares that the above details and statements are correct, that all the goods were produced in China and that they comply with the Rules of Origin of the People's Republic of China. 大连欣欣进出口贸易公司 DALIAN MAY.19，2016 郑爽 Place and date, signature and stamp of authorized signatory	12.Certification It is hereby certified that the declaration by the exporter is correct. 中国贸易促进委员会 DALIAN MAY.21，2016 韩磊 Place and date, signature and stamp of certifying authority

图 4－1 ORIGINAL

五、普惠制产地证的含义及作用

1. 普惠制产地证的含义

普惠制产地证（FORM A 或 GSP FORM A）是根据发达国家给予发展中国家的一种关税优惠制度——普遍优惠制，而签发的一种优惠性原产地证。采用的是格式 A，证书颜色为绿色。在对外贸易中，可简称为 FORM A 或 GSP FORM A。

普惠制产地证书标题栏右上角，填写检验检疫机构编定的证书号。在单证头横线上方填上“中华人民共和国”。国名必须填打英文全称，不得简化。Issued in THE PEOPLE'S REPUBLIC OF CHINA（国内印制的证书）已将此印上，无须再填打。

2. 普惠制产地证明书的特点

普惠制产地证明书是受惠国的原产品出口到给惠国时享受普惠制减免关税待遇的官方凭证，适用于一切有资格享受普惠制待遇的产品。现在所有给惠国都接受格式 A，格式 A 证书相当于一种有价证券。因而，联合国贸易和发展会议优惠问题特别委员会规定，其正本必须印有绿色纽索图案底纹，以便识别伪造与涂改，尺寸为 297 毫米 × 210 毫米，使用文种为英文或法文。格式 A 由出口商填制申报，签证机构审核、证明及签发。证明书使用的文种为英文或法文，但证明书背面注释可以使用受惠国本国文字印刷。签证机构必须是受惠国政府指定的，其名称、地址、印模都要在给惠国注册登记，在联合国贸发会秘书处备案。

签证机构必须是受惠国政府指定的，其名称、地址、印鉴都要在给惠国注册登记，在联合国贸发会秘书处备案。在我国，普惠制产地证书的签证工作由国家出入境检验检疫局负责统一管理，设在各地的出入境检验检疫机构是我国政府授权的唯一的普惠制产地证明书格式 A 的签发机构。

六、普惠制产地证的内容与缮制

普惠制原产地证明书格式 A（以下简称 FORM A 证书）共有十二栏，各栏的填写方法如下：产地证标题栏（右上角），填上签证当局所规定的证书号。具体规定如表 4-4 所示。

表 4-4　　产地具体规定

内容	缮制方法
出口商名称、地址、国家	此栏带有强制性，应填明详细地址，包括街道名、门牌号码等。中国地名的英文译音应采用汉语拼音。 例如，GUANGDONG（广东）、GUANGZHOU（广州）、SHANTOU（汕头）等。例如，CHINA ARTEX（HOLDING）COPR. GUANGDONG CO. NO. 119，LIUHUA ROAD，GUANGZHOU，CHINA
收货人名称、地址、国家	该栏应填给惠国最终收货人名称（信用证上规定的提单通知人或特别声明的收货人），如最终收货人不明确，可填发票抬头人。但不可填中间转口商的名称。 欧洲联盟、挪威对此栏是非强制性要求，如果商品直接运往上述给惠国，而且进口商要求将此栏留空时，则可以不填

续 表

内容	缮制方法
运输方式及路线	例如，ON/AFTER NOV. 6，2016 FROM GUANGZHOU TO HONG KONG BY TRUCK，HENCE TRANSHIPPED TO HAMBURG BY SEA. 一般应填装货、到货地点〈始运港、目的港〉及运输方式（如海运、陆运、空运）。转运商品应加上转运港，如 VIA HONGKONG。该栏还要填明预定自中国出口的日期，日期必须真实，不得捏造。对输往内陆给惠国的商品，如瑞士、奥地利，由于这些国家没有海岸，因此如系海运，都须经第三国，再转运至该国，填证时应注明。 例如，ON/AFTER NOV. 6，2000 BY VESSEL FROM GUANGZHOU TO HAMBURG W/T HONG KONG，IN TRANSIT TO SWITZERLAND
供官方使用	此栏由签证当局填写，申请签证的单位应将此栏留空。正常情况下此栏空白。特殊情况下，签证当局在此栏加注，如：(1) 货物已出口，签证日期迟于出货日期，签发“后发”证书时，此栏盖上“ISSUED RETROSPECTIVELY”红色印章。(2) 证书遗失、被盗或损毁，签发“复本”证书时盖上“DUPLICATE”红色印章，并在此栏注明原证书的编号和签证日期，并声明原发证书作废，其文字是“THIS CERTIFICATE IS IN REPLACEMENT OF CERTIFICATE OF ORIGIN NO. DATED ‘WHICH IS CANCELLED’”
商品顺序号	如同批出口货物有不同品种，则按不同品种、发票号等分列“1”“2”“3”……以此类推。单项商品，此栏填“1”
唛头及包装号	例如，B0073BRCT23 - 1 HAMBURG，GERMANY C/NO. 001 - 150 (1) 填具的唛头应与货物外包装上的唛头及发票上的唛头一致；(2) 唛头不得出现中国以外的地区或国家制造的字样（如 MADE IN HONG KONG 等）。如货物无唛头应填“无唛头”，即“N/M”或“NO MARK”。如唛头过多，此栏不够填，可填打在第 7、第 8、第 9、第 10 栏截止线以下的空白处。如还不够，此栏打上〈SEE THE ATTACHMENT〉，用附页填打所有唛头〈附页的纸张要与原证书一般大小〉，在右上角打上证书号，并由申请单位和签证当局授权签字人分别在附页末页的右下角和左下角手签、盖印。附页手签的笔迹、地点、日期均与证书第 11、第 12 栏相一致

续 表

内容	缮制方法
包件数量及种类，商品的名称	例如，ONE HUNDRED AND FIFTY〈150〉CARTONS OF WORKING GLOVES。 （1）包件数量必须用英文和阿拉伯数字同时表示，如上例。 （2）商品名称必须具体填明，不能笼统填“MACHINE”（机器）、“GARMENT”（服装）等。对一些商品，玩具电扇应载明为“TOYS：ELECTRIC FANS”，不能只列“ELECTRIC FAN”。 （3）商品的商标、牌名（BRAND）及货号（ARTICLE NUMBER）一般可以不填。商品名称等项列完后，应在下一行加上表示结束的符号，以防止加填伪造内容。 （4）国外信用证有时要求填具合同、信用证号码等，可加填在此栏空白处
原产地标准	此栏用字最少，但却是国外海关审核的核心项目。对含有进口成分的商品，因情况复杂，国外要求严格，极易弄错而造成退证查询，应认真审核、慎重填具。现将填写该栏原产地标准符号的一般规定说明如下： （1）对于完全原产自我国的产品，填“P”；但对于出口至澳大利亚和新西兰的，可不填； 对于其他符合有关给惠国普惠制原产地标准的产品： （2）加拿大：对于在两个或两个以上最不发达国家加工制造的符合原产地标准的产品，填“G”，其他填“F”； （3）日本、挪威、瑞士、欧盟、土耳其和波兰：填“W”和产品的四位数 HS 品目号； （4）俄罗斯、白俄罗斯、乌克兰、哈萨克斯坦、捷克、斯洛伐克：对于在我国增值的产品，“Y”和非原产成分占产品离岸价的百分比，对于仅在其他受惠国和我国生产的并在我国完成最后工序，从我国出口的产品，填“PK”； （5）澳大利亚和新西兰：可不填
毛重或其他数量	此栏应以商品的正常计量单位填，如“只”“件”“双”“台”“打”等。以重量计算的则填毛重，只有净重的，填净重亦可，但要标上 N. W.（NET WEIGHT）。例如，3200 DOZ. 或 6270 KG.
发票号码及日期	例如，PHK50016 Nov. 2，2016 此栏不得留空。月份一律用英文（可用缩写）表示，此栏的日期必须按照正式商业发票填具，发票日期不得迟于出货日期

续 表

内容	缮制方法
签证当局的证明	此栏填打检验检疫局的签证地点、日期。例如，GUANGZHOU NOV. 3，2016. 检验检疫局签证人经审核后在此栏（正本）签名，盖签证印章。此栏日期不得早于发票日期（第10栏）和申报日期（第12栏），而且应早于货物的出运日期（第3栏）
出口商的申明	在生产国横线上填英文的“中国”（CHINA）。进口国横线上填最终进口国，进口国必须与第三栏目的港的国别一致，如“德国”。凡货物运往欧盟十五国范围内，进口国不明确时，进口国可填EU。另外，申请单位应授权专人在此栏手签，标上申报地点、日期，并加盖申请单位中英文印章。手签人手迹必须在检验检疫局注册备案，并保持相对稳定。例如，GUANGZHOU NOV. 2，2016 此栏日期不得早于发票日期〈第10栏〉〈最早是同日〉。盖章时应避免覆盖进口国名称和手签人姓名。本证书一律不得涂改，证书不得加盖校对章

知识链接

原产地证书的种类

目前上海海关局可以签发的证书共15种，包括优惠性原产地证书、非优惠性原产地证书以及专用原产地证书等。优惠性原产地证书主要是普惠制产地证书（FORM A）和各类区域性优惠原产地证书，非优惠性原产地证书主要有一般原产地证书，加工装配证书以及转口证书，专用原产地证明书主要是金伯利进程证书，输欧盟农产品原产地证（蘑菇罐头证书）。

1. 优惠原产地证书

优惠原产地证书是能使出口产品在进口国海关享受关税减免待遇的证明产品原产国/地区的官方证书，在我国目前主要有以下几种：

（1）普惠制原产地证书（FORM A）：适用于对39个发达国家出口的符合给惠国相关规定的产品。包括：欧盟27国（英国、法国、德国、意大利、荷兰、卢森堡、比利时、爱尔兰、丹麦、希腊、西班牙、葡萄牙、奥地利、瑞典、芬兰、波兰、匈牙利、捷克、斯洛伐克、斯洛文尼亚、爱沙尼亚、拉脱维亚、立陶宛、塞浦路斯、马耳他、保加利亚、罗马尼亚），土耳其，挪威，瑞士，列支敦士登，澳大利亚，新西兰，加拿大，日本，俄罗斯联邦，白俄罗斯，哈萨克斯坦，乌克兰。

（2）《亚太贸易协定》原产地证书：目前适用于对印度、韩国、孟加拉和斯里兰卡出口并符合相关规定的产品。

（3）《中国—东盟自由贸易协定》原产地证书（FORM E）：目前适用于对印度尼西亚、泰国、马来西亚、越南、菲律宾、新加坡、文莱、柬埔寨、缅甸、老挝等国出口并符合相关规定的产品。

（4）《中国—巴基斯坦自由贸易协定》原产地证书：我国出口到巴基斯坦的该优惠框架项下的产品凭此证书可获得巴基斯坦给予的关税优惠待遇。

（5）《中国—智利自由贸易协定》原产地证书（FORM F）：自 2006 年 10 月 1 日起，我国出口到智利的《中国—智利自贸区协定》项下的产品享受智利给予的关税优惠待遇。

（6）《中国—新西兰自由贸易协定》原产地证书：自 2008 年 10 月 1 日起，我国出口到新西兰的符合中国—新西兰自贸区原产地规则的产品享受新西兰给予的关税优惠待遇。

（7）《中国—新加坡自由贸易协定》原产地证书：自 2009 年 1 月 1 日起，我国出口到新加坡的符合中国—新加坡自贸区原产地规则的产品享受新加坡给予的关税优惠待遇。

（8）《中国—秘鲁自由贸易协定》原产地证书：自 2010 年 3 月 1 日起，我国出口到秘鲁的符合中国—秘鲁自贸区原产地规则的产品享受秘鲁给予的关税优惠待遇。

（9）自 2010 年 1 月 1 日起，我国出口到台湾的符合《海峡两岸经济合作框架协议》原产地规则的早期收获产品享受台湾给予的关税优惠待遇。

（10）《中国—哥斯达黎加自由贸易协定》原产地证明书：自 2011 年 8 月 1 日起，我国出口到哥斯达黎加的符合中国—哥斯达黎加自贸区原产地规则的产品享受哥斯达黎加给予的关税优惠待遇。

2. 非优惠原产地证书

（1）一般原产地证书（CO 证书），出口产品在进口国/地区通关所需，是进口国进行贸易统计等的依据。CO 证书对所有独立关税区的国家（地区）都可签发。

（2）加工装配证书（CERTIFICATE OF PROCESSING）是指对全部或部分使用了进口原料或零部件而在中国进行了加工、装配的出口货物，当其不符合中国出口货物原产地标准、未能取得原产地证书时，由签证机构根据申请单位的申请所签发的证明中国为出口货物加工、装配地的一种证明文件。

（3）转口证书（CERTIFICATE OF RE - EXPORT）是指经中国转口的外国货物，

由于不能取得中国的原产地证，而由中国签证机构出具的证明货物系他国原产、经中国转口的一种证明文件。

3. 专用原产地证书

（1）金伯利进程证书，是指在实施金伯利进程证书制度成员国之间使用的，用于证明进出口毛坯钻石合法来源地的证明书。

（2）输欧盟农产品原产地证（CERTIFICATE OF ORIGIN for imports of agricultural products into the European Economic Community）（如蘑菇罐头证书）是欧盟委员会为进口农产品而专门设计的原产地证书。

实践操作

<table>
<tr><td colspan="4">1. Goods consigned from (Exporter's business name, address, country)
DALIAN XINXIN TOOL IMPORT & EXPORT CO., LTD
51,RENMIN ROAD DALIAN,CHINA</td><td colspan="3" rowspan="2">Reference No.
GENERALIZED SYSTEM OF PREFERENCES
CERTIFICATE OF ORIGIN
Issued in THE PEOPLE'S REPUBLIC OF CHINA
See Notes overleaf</td></tr>
<tr><td colspan="4">2. Goods consigned to (Consignee's name, address, country)
F. F COMPANY
3-7 HOLY GREEN, LONDON, UK</td></tr>
<tr><td colspan="4">3. Means of transport and route (as far as known)
FROM DALIAN TO LONDON BY SEA</td><td colspan="3">4. For official use</td></tr>
<tr><td>5. Item number</td><td>6. Marks and numbers of packages</td><td colspan="2">7. Number and kind of packages; description of goods</td><td>8. Origin criterion (see Notes overleaf)</td><td>9. Gross weight or other quantity</td><td>10. Number and date of invoices</td></tr>
<tr><td>1</td><td>M. E
2016FF
LONDON
C/NO. 1-400</td><td colspan="2">HAND TOOLS
SAY TOTAL FOUR HUNDRED (400) CARTONS ONLY
******************************</td><td>"P"</td><td>14300KGS</td><td>2016DL
MAR. 19, 2016</td></tr>
<tr><td colspan="3">11. Certification
It is hereby certified, on the basis of control carried out, that the declaration by the exporter is correct.
中华人民共和国出入境检验检疫局（大连）
DALIAN MAY. 21, 2016 刘红
Place and date, signature and stamp of certifying authority</td><td colspan="4">12. Declaration by the exporter
The undersigned hereby declares that the above details and statements are correct, that all the goods were
produced in ________ (country)
and that they comply with the origin requirements specified for those goods in the Generalized System of Preferences for goods exported to
SPAIN
(importing country)
DALIAN MAY. 19, 2016 郑爽 大连欣欣进出口贸易公司
Place and date, signature and stamp of authorized signatory</td></tr>
</table>

任务四 缮制保险单据

任务导入

国际贸易中，货物从卖方到买方手中，通常要经过长途运输、装卸和存储等流转环节，在此期间，货物可能会遇到各种各样的风险，蒙受各种损失。为了在货物受损时能得到经济上的补偿，买方或卖方应在货物启运前，向保险公司办理货物的运输保险。

沈阳天天进出口贸易公司的单证员郑爽，在办理产地证的同时，按照信用证上的要求需要到中国平安保险股份有限公司办理国际货物运输保险，那么，郑爽应如何缮制保险单据并办理保险呢?

相关知识

国内货物运输保险是以在国内运输过程中的货物为保险标的，在标的物遭遇自然灾害或意外事故所造成的损失时给予经济补偿。为了保障收货人在货物受损后获得经济补偿，一般在货物运输前，货主都会向保险公司办理有关投保事宜，并按合同或信用证要求仔细、认真地填写货物运输险投保单交给保险公司，保险公司将签发给投保人一份承保凭证即保险单（INSURANCE POLICY）。当被保险货物遭受到保险凭证责任范围内的损失时，保险单是索赔和理赔的依据；在 CIF 合同中，保险单同时又是卖方向买方提供的出口结汇单据之一。

一、保单的含义

保险单据（简称保单，包括保险单及保险凭证）是保险人对被保险人承担保险责任的书面证明文件，也是保险人和被保险人之间的正式合同（或契约），它具体规定了保险人与被保险人之间的权利和义务。

二、保险单的分类

保险单一般分为大保单、小保单和预约保单三种。

1. 大保单

大保单是指正式的保险单，亦简称“保单”，主要与小保单对应。是最正式的保险单据形式，又是国际贸易中使用最广的一种保险单据，还是保险人和被保险人之间成立保险合同的正式凭证。

2. 小保单

小保单是保险凭证的简称，又称保险条。保险凭证是保险人签发给投保人的，表明其已接受其投保的证明文件，是一种简化的保险单。保险凭证上不载明保单背面保险条款，其余内容与大保单完全相同。凡保险凭证上没有列明的内容均以同类的大保单为准。小保单的法律效力与大保单相同，但不能作为对保险人提出诉讼的依据，因而在国际市场上使用不多。在实务中，小保单一般由保险人签发，也可由保险经纪人作为预约保险单代为签发。

3. 预约保单

预约保险单是指保险人或保险经纪人以承保条形式签发的，承保被保险人在一定时期内发运的以 C 组术语出口的或以 F 组术语进口的货物运输保险单。它载明保险货物的范围、承保险别、保险费率、每批运输货物的最高保险金额以及保险费的计算办法。凡属预约保险单规定范围内的货物，一经起运保险合同即自动按预约保险单上的承保条件生效，但要求投保人必须向保险人对每批货物运输发出起运通知书，也就是将每批货物的名称、数量、保险金额、运输工具的种类和名称、航程起讫点、开航或起运日期等通知保险人，保险人据此签发正式的保险单证。

三、出口货物运输保险流程

出口货物运输保险流程如图 4-2 所示。

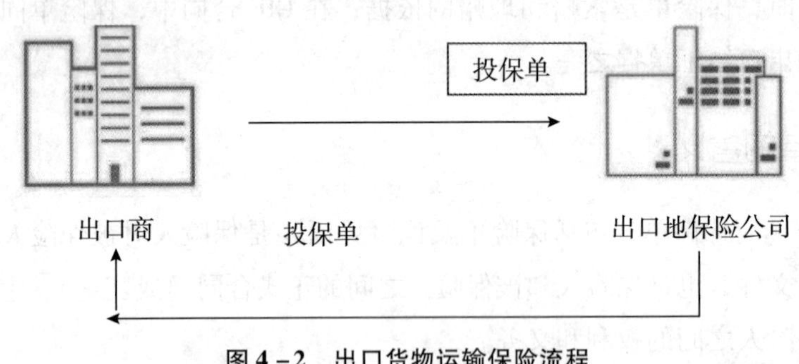

图 4-2　出口货物运输保险流程

解读：

（1）出口商向保险公司申请办理保险，需按信用证规定填制保险单，确定保险金额，并随附发票、装箱单等单据。

（2）保险公司按约定的保险费率收讫保险费后，依据投保单出具保险单交给出口商。

（3）出口商按信用证规定在保险单上进行背书，便于保单过户转让。

四、保险单的缮制方法

不同保险公司出具保险单据内容大同小异，缮制方法一般如表4－5所示。

表4－5　保险公司单据内容和缮制方法

内容	缮制方法
1. 正本份数 （NUMBER OF ORIGINAL POLICY）	当信用证没有特别说明保险单份数时，出口公司一般提交一套完整的保险单（一份正本 ORIGINAL，一份复联本 DUPLICATE）
2. 发票号码 （INVOICE NUMBER）	此处填写发票号码
3. 保险单号码 （POLICY NUMBER）	填写保险公司指定号码
4. 被保险人 （INSURED）	如信用证无特别规定，保险单的被保险人应是信用证的受益人。如信用证规定保险单为 TO ORDER OF ××× BANK 或 IN FAVOUR OF ××× BANK，即应在被保险人处填写“×××出口公司＋HELD TO ORDER OF ××× BANK（或 IN FAVOUR OF ××× BANK）”。在 CIF 或 CIP 价格条件下，被保险人即为卖方（出口商），信用证方式下指的是受益人，托收方式下为委托人
5. 保险货物项目 （DESCRIPTION OF GOODS）	填写货物名称，此栏允许填写货物总称
6. 唛头 （MARKS AND NOS）	保险单唛头应与发票、提单等一致，也可只填“AS PER INVOICE NO. ×××”
7. 包装及数量 （QUANTITY）	如以包装件数计价者，则将最大包装的总件数填入；如以毛重或净重计价，可填件数及毛重或净重；如果是裸装货物，则表示其件数即可；散装货物则表示其重量，并在其后注明 IN BULK 字样
8. 保险金额 （AMOUNT INSURED）	一般按照发票总金额的 110% 投保。信用证项下的保险单必须按信用证规定办理。此栏保险金额使用的货币应与信用证使用的货币相一致，大小写保持一致。有小数点的一律进位。（TOTAL AMOUNT INSURED），即保险金额的大写数字，以英文表示，末尾应加“ONLY”，以防涂改
9. 保费 （PREMIUM）	一般已由保险公司印就“AS ARRANGED”（如约定）字样。除非信用证另有规定，每笔保费及费率可以不具体表示
10. 开航日期 （DATE OF COMMENCEMENT）	一般填写提单的签发日期，也可填写提单签发日前后各五天之内任何一天的日期，或填“AS PER B/L DATE”
11. 装载工具 （PER CONVEYANCE）	填写装载船的船名。当运输由两程运输完成时，应分别填写一程船名和二程船名

续 表

内容	缮制方法
12. 起运地和目的地 (FROM... TO...)	此栏填写起运地和目的地名称。当货物经转船到达目的港时，可填写“FROM 装运港 TO 目的港 W/T AT 转运港（WITH TRANSIPMENT AT ×××)”，也可打成“VIA 转运港 AND THENCE TO 投保最终目的地”。例如：货物由上海运达纽约港后，转运到芝加哥，提单可打成：“FROM SHANHGAI TO NEW YORK AND THENCE TO CHICAGO”或“FROM SHANG-HAI TO NEW YORK IN TRANSIT TO CHICAGO”
13. 承保险别 (CONDITIONS)	本栏系保险单的核心内容，填写时应注意保险险别及文句与信用证严格一致，即使信用证中有重复语句，为了避免混乱和误解，最好按信用证规定的顺序填写。如信用证没有规定具体险别，或只规定“MARINE RISK”“USUAL RISK”或“TRANSPORT RISK”等，则可投保一切险（ALL RISKS)、水渍险（WA 或 WPA)、平安险（FPA）三种基本险中的任何一种
14. 货损检验及理赔代理人 (SURVEYING AND CLAIM SETTLING AGENTS)	一般选择在目的港或目的港附近有关机构为货损检验、理赔代理人，并详细注明代理人的地址。如果保险单上注明保险责任终止是在内地而非港口，则应填列内地代理人名址
15. 赔付地点 (CLAIM PAYABLE AT)	如果信用证中并未列明，一般将目的港作为赔付地点。如买方指定理赔代理人，理赔代理人必须在货物到达目的港的所在国内，便于到货后检验，赔款货币一般为投保额相同的货币。此栏按合同或信用证要求填写
16. 日期 (DATE)	日期指保险单的签发日期。由于保险公司提供仓至仓（WAREHOUSE TO WAREHOUSE）服务，所以要求保险手续在货物离开出口方仓库前办理。保险单的日期也应是货物离开出口方仓库前的日期
17. 投保地点（PLACE)	一般为装运港（地）的名称
18. 签章（AUTHORIZED SINGAPORE)	由保险公司签字或盖章以示保险单正式生效
19. 背书 (ENDORSED)	①空白背书（BLANK ENDORSED)，空白背书只注明被保险人（包括出口商名称和经办人的名字）名称。当来证没有规定使用哪一种背书时，也使用空白背书方式。②记名背书，当来证要求“DELIVERY TO（THE ORDER OF）××× COMPANY（BANK)”或“ENDORSED IN THE NAME OF ×××”，即规定使用记名方式背书。记名背书在出口中较少使用。③记名指示背书 当来证保单条款规定为：“INSURANCE POLICY OR CERTIFICATE IN NEGOTIABLE FORM ISSUED TO THE ORDER OF ×××”时

保险单一般由保险公司审单员根据投保人提供的投保单等材料进行缮制，但也有个别保险公司由投保人代其填制保险单的相关栏目内容，再由保险公司填制剩余栏目，签章后生效。

保险单是出口商向银行议付货款所必备的单证之一，其可通过背书转让。保险单的背书有空白背书和指示背书两种，究竟采取哪一种，应视信用证的具体要求而定。

实践操作

中国平安保险股份有限公司

PING AN INSURANCE COMPANY OF CHINA，LTD.

NO. 1000005959　　货 物 运 输 保 险 单

CARGO TRANPORTATION INSURANCE POLICY

被保险人：DALIAN XINXIN TOOL IMPORT & EXPORT CO., LTD

Insured

中国平安保险股份有限公司根据被保险人的要求及其所交付约定的保险费，按照本保险单背面所载条款与下列特款，承保下述货物运输保险，特立本保险单。

This Policy of Insurance witnesses that PING AN INSURANCE COMPANY OF CHINA，LTD.，at the request of the Insured and in consideration of the agreed premium paid by the Insured，undertakes to insure the undermentioned goods in transportation subject to the conditions of Policy as per the clauses printed overleaf and other special clauses attached hereon.

保单号 Policy No.　DL12345	赔款偿付地点 Claim Payable at
发票或提单号 Invoice No. or B/L No.　DL 2016	LONDON　IN　USD
运输工具 per conveyance S.S.　DONG FENG V.126	查勘代理人 Survey By：
起运日期 Slg. on or abt.　　自 From　DALIAN	
至 To　LONDON	
保险金额 Amount Insured　USD	

保险货物项目、标记、数量及包装： Description, Marks, Quantity & Packing of Goods：	承保条件 Conditions：TO BE EFFECTED BY SELLERS FOR 110% OF FULL INVOICE VALUE COVERING ALL RISKS AND WAR RISK.

M. E　　POWER TOOLS　400 CARTONS
2016FF
LONDON
C/NO. 1-400

COPY

签单日期

Date：JUN.18. 2016　AT　DALIAN

For and on behalf of

PING AN INSURANCE COMPANY OF CHINA，LTD.

authorized signature

任务五　缮制海运提单

任务导入

海运提单是重要的物权凭证，是承运人收妥货物的收据，也是其与托运人之间运输合同的证明。对于这样一份重要的单据，郑爽如何根据信用证对提单的要求来准确进行缮制是本任务要求掌握的核心技能。

相关知识

一、海运提单

1. 海运提单的含义

提单（Bill of Lading），是用以证明海上货物运输合同和货物已由承运人接收或装船，以及承运人保证据以交付货物的单证。根据提单中载明的向记名人交付货物，或者按照指示人的指示交付货物，或者向提单持有人交付货物的条款，构成承运人据以交付货物的保证。

2. 海运提单的作用

（1）提单是承运人或其代理人签发的货物收据（Receipt for the goods），证明已按提单所列内容收到货物。

（2）提单是一种货物所有权的凭证（Documents of title）。提单的合法持有人凭提单可在目的港向轮船公司提取货物，也可以在载货船舶到达目的港之前，通过转让提单而转移货物所有权，或凭以向银行办理押汇货款。

（3）提单是托运人与承运人之间所订立的运输契约的证明（Evidence of contract of carrier）。在班轮运输的条件下，它是处理承运人与托运人在运输中产生争议的依据。

二、海运提单的种类

随着世界经济的发展，通信工具的发达和使用，国际海上货物运输中所遇到的海运提单的种类也越来越多。最常见的提单种类如表 4－6 所示。

表 4-6　　海运提单种类

分类方法	提单种类	英文名称
按表现形式分	纸质提单	Bill of Lading，B/L
	电子报文提单	Electronics Bill of Lading
按货物是否已装船分	已装船提单	On Board B/L
	收货代运提单	Received for Shipment B/L
按对货物外包装状况有无承运人批注分	清洁提单	Clean B/L
	不清洁提单	Unclean B/L
按提单收货人一栏记载分	记名提单	Straight B/L
	不记名提单	Open B/L；Blank B/L
	指示提单	Order B/L
按不同的运输方式分	直达提单	Direct B/L
	转船提单	Transhipment B/L
	多式联运提单	Combined Transport B/L
按提单签发人不同分	船公司提单	Master B/L
	无船承运人提单	NVOCC B/L
	货代提单	House B/L
按提单签发时间不同分	预借提单	Advanced B/L
	倒签提单	Anti - date B/L
	顺签提单	Post - date B/L

三、海运提单的内容及缮制方法

海运提单（见单证示例）的内容分为固定部分和可变部分。固定部分包括海运提单背面的运输契约以及提单正面承运人或代理人印就的文字说明，这一部分一般不做更改。可变部分主要包括船名、装运港、件数、重量、体积等内容。这些内容根据运输的货物、运输时间、托运人及收货人的不同而变化。

海运提单的缮制方法表述如表4－7所示。

表4－7　海运提单缮制方法

1. Shipper（托运人）	本栏通常填写信用证的受益人，即买卖合同中的卖方。只要信用证无相反规定，银行也接受以信用证受益人以外的第三方为发货人
2. Consignee（收货人）	这是提单中比较重要的一栏，应严格按照信用证规定填制。提单收货人按信用证的规定一般有三种填法，记名抬头、不记名抬头和指示性抬头
3. Notify Party（被通知人）	本栏填写要与信用证的规定一致。例如，信用证提单条款中规定："... Bill of Lading... notify applicant"，则提单通知人栏中要填制开证人的详细名称地址
4. Place of Receipt（收货地）	本栏填写船公司或承运人的实际收货地点，如工厂、仓库等。在一般海运提单中，没有此栏，但在多式联运提单中则有此栏
5. Ocean Vessel（船名）	本栏按配单回单上的船名填写。若货物需转运，则填写第二程船名
6. Voyage No.（航次）	本栏按配单回单上的航次填写。若货物需转运，则填写第二程航次号
7. Port of Lading（装货港）	本栏要填实际的装货港口。如有转运，填写中转港名称，如无转运，填写装运港名称
8. Port of Discharge（卸货港）	本栏填写货物实际卸下的港口名称。如果货物转运，可在目的港之后加注"With Transshipment at..."
9. Place of Delivery（交货地）	本栏填写最终目的地名称。如果货物的目的地就是目的港，此栏空白
10. B/L No.（提单号码）	本栏按配舱回单上的D/R号码填写
11. Marks（唛头）	本栏需同商业发票上的一致。如果信用证没有规定唛头，此栏可填"N/M"
12. Nos. & Kinds of PKGS（货物包装及件数）	本栏按货物装船的实际情况填写总外包装件数
13. Description of Goods（货物名称）	本栏填写货物的名称即可。按照《UCP600》的规定，除商业发票外，在其他一切单据中，货物的描述可使用统称，即主要的商品名称，不需要详细列出商品规格，但不能与信用证中货物的描述抵触

续　表

14. Gross Weight （货物的毛重）	本栏填写货物的毛重，需同装箱单上货物的总毛重一致。如果货物是裸装，没有毛重，只有净重，则在净重前加注“N. W”。本栏一般以千克为计量单位，保留两位小数
15. Measurement （尺码）	本栏填写货物的体积，需同装箱单上货物的总尺码一致。本栏一般以立方米为计量单位，保留三位小数
16. Total Number of Container and/or Packages（In Words） （货物总包装件数的大写）	本栏目填写货物总包装件数的英文大写，应与12栏一致
17. Freight and Charges （运费条款）	除非信用证有特别要求，一般的海运提单都不填写运费的数额，只是表明“Freight Prepaid”或“Freight to Collect”，并且要与所用的贸易术语相一致
18. Place and Date of Issue （提单的签发地点和签发日期）	一般为承运人实际装运的地点和时间
19. Number of Original B（S）/L （正本提单份数）	本栏显示的是船公司为承运此批货物所开具的正本提单的份数，一般是1～3份，并用大写数字如One、Two、Three等填写。如信用证对提单正本份数有规定，则应与信用证规定一致。比如，信用证规定“3/3 Marine bills of lading...”即表明船公司为信用证项下的货物开立的正本提单必须是三份，且三份正本提单都要提交银行作为单据
20. Shipped on Board the Vessel Date，Signature （已装船批注、装船日期、装运日期）	根据《UCP600》规定，如果提单上没有预先印就“已装船（Shipped on board）”字样的，则必须在提单上加注装船批注（On board notation）。在实际业务中，提单上一般都预先印就“已装船（Shipped on board）”字样，这种提单称为“已装船提单”，不必另行加注“已装船”批注。提单的日期就是装船完毕的日期或装运完毕的日期
21. Signed for and on Behalf of the Carrier （承运人或其代理人签字、盖章）	根据《UCP600》规定，提单必须由下列四类人员签署证实。即承运人，或承运人的具名代理人，或船长，或船长的具名代理人。 承运人或船长的任何签字或证实，必须表明“承运人”或“船长”的身份。代理人代表承运人或船长签字或证实时，也必须表明代表的委托人的名称或身份，即注明代理人是代表承运人或船长签字或证实的

续 表

22. 提单背书	提单应按照信用证的具体要求进行背书。一般信用证要求提单进行空白背书（“bill of lading... endorsed in blank.” or “bill of lading... blank endorsed.”）的比较多见。 对于空白背书：只需要背书人签章并注明背书的日期即可。 例如：ABC Co.（签章） December 11，2009 有时信用证也要求提单作记名背书：此时则应先写上被背书人的名称，然后再由背书人签署并加盖公章，同时注明背书的日期。 例如：Endorsed to：DEF Co. 或 Delivered to DEF Co. ABC Co.（签章）

知识链接

提单的不同签发人如表4－8所示。

表4－8　提单的不同签发人

提单的不同签发人	表示方式	备注
提单由承运人签发	XYZ Shipping as carrier（签署）	如果承运人的身份已于单据正面标示，签署栏内可无须再次标示其身份
	as carrier；XYZ Shipping（签署）	
	XYZ Shipping（签署）	
由承运人代理人签发	ABC Co.，Ltd. as agent for XYZ Shipping，carrier（签署）	提单表面上已有承运人身份和名称
	ABC Co.，Ltd. as agent on behalf of XYZ Shipping（签署）	
	ABC Co.，Ltd. as agent for the above named carrier（签署）	
	ABC Co.，Ltd. as agent on behalf of the carrier（签署）	
提单由船长签发	John Doe（本人签字）as master	姓名不必标注，但须有承运人的身份和名称
由船长的代理人签发	ABC Co.，Ltd. as agent for John Doe，master	船长的姓名和代理人名称必须显示，而且提单表面上必须有承运人的身份和名称
	ABC Co.，Ltd. on behalf of John Doe，master	

实践操作

Shipper		BILL OF LADING	B/L No.: BL2016
DALIAN XINXIN TOOL IMPORT & EXPORT CO., LTD			
Consignee TO ORDER OF SHIPPER			
Notify Party F. F COMPANY 3-7 HOLY GREEN, LONDON, UK		CHINA OCEAN SHIPPING	
*Pre carriage by	*Place of Receipt		ORIGINAL
Ocean Vessel Voy. No. DONGFENG V.126	Port of Loading DALIAN		
Port of discharge LONDON	*Final destination	Freight payable at DALIAN	Number original Bs/L THREE

Marks and Numbers	Number and kind of packages;Description	Gross weight	Measurement m^3
M. E 2016FF LONDON C/NO. 1-400	POWER TOOLS TOTAL ONE 20'CONTAINER COSU01234567 CY TO CY FREIGHT PREPAID	14300KGS	$89m^3$

TOTAL PACKAGES(IN WORDS)　SAY TOTAL ONE HUNDRED AND THIRTY (130) CARTONS ONLY

Freight and charges
FREIGHT PREPAID

Place and date of issue
DALIAN　JUN.30.2016
Signed for the Carrier 李磊

*Applicable only when document used as a Through Bill of Loading

任务六　缮制汇票

任务导入

汇票是一种资金单据，是出口商凭以向进口商要求付款的收款工具，也是进口商付款的重要凭证。郑爽在货物装船后，获取了提单。这时就可以拿着全套单据到银行去交单结汇，交单结汇需要填制汇票，那么如何来填制汇票呢？

相关知识

一、汇票的含义

汇票是出票人签发的，委托付款人在见票时或者在指定日期无条件支付确定金额给付款人或持票人的票据。汇票是一种代替现金的支付工具，一般有两张正本（即First Exchange 和 Second Exchange），具有同等效力，付款人付一不付二，付二不付一，先到先付，后到无效。汇票有银行汇票和商业汇票两种形式，在信用证和托收方式业务中，多使用出口商出具的商业汇票。

二、汇票的种类

1. 按有无附有货运单据分类

按有无附有货运单据分类，可分为光票和跟单汇票。

（1）光票（CLEAN BILL）。光票是不附带货运单据的汇票。光票的流通完全依靠当事人的信用，即完全看出票人、付款人或背书人的资信。在国际贸易中，对少量货运，或收取保险费、运费等其他费用，可采用光票向对方收款。

（2）跟单汇票（DOCUMENTARY BILL）。跟单汇票是附带货运单据的汇票，以承兑或付款作为交付单据的条件。除了有当事人的信用外，还有货物的保证。因此，在国际贸易中，这种汇票使用较为广泛。

2. 按付款时间分类

按付款时间分类，可分为即期汇票和远期汇票。

（1）即期汇票（SIGHT BILL）。即期汇票是在提示或见票时立即付款的汇票。

（2）远期汇票（TIME BILL OR USANCE BILL）。远期汇票是在一定期限或特定日期付款的汇票。

3. 按出票人不同分类

按出票人不同分类，可分为商业汇票和银行汇票。

(1) 商业汇票（TRADE BILL)。商业汇票是指出票人是商号、企业或个人，付款人可以是商号、个人，也可以是银行。在国际贸易结算中，出口商用逆汇法，向国外进口商收取货款并签发的汇票，即属商业汇票。

(2) 银行汇票（BANKER'S BILL)。银行汇票的出票人和付款人都是银行。银行汇票由银行签发后，交汇款人，由汇款人寄交国外收款人向付款行取款，此种汇款方式称为顺汇法。

4. 按承兑人的不同分类

按承兑人的不同分类，可分为商业承兑汇票和银行承兑汇票。

(1) 商业承兑汇票（TRADER'S ACCEPTANCE BILL)。商业承兑汇票是由商号、企业或个人出票而以另一个商号、企业或个人为付款人，并经付款人承兑后的远期汇票。商业承兑汇票是建立在商业信用基础上的。

(2) 银行承兑汇票（BANKER'S ACCEPTANCE BILL)。银行承兑汇票是由银行承兑的远期汇票，它是建立在银行信用基础上的。所以银行承兑汇票比商业承兑汇票更易于被人们所接受，并且能在市场上流通。

三、汇票的内容及缮制方法

信用证项下汇票的主要内容和缮制方法如表 4－9 所示。

表 4－9　　汇票的内容与缮制方法

内容	缮制方法
1. 编号（No.）	汇票编号填本套单据的发票号码
2. 出票日期与地点 (Date and Place of Issue)	信用证项下的出票日期是议付日期，出票地点是议付地或出票人所在地，通常出口商多委托议付行在办理议付时代填。值得注意的是，汇票出票不得早于其他单据日期，也不得晚于信用证有效期和提单日期后第 21 天
3. 汇票金额 (Amount)	汇票金额用数字小写和英文大写分别表明。小写金额位于 Exchange for 后，可保留 2 位小数，由货币名称缩写和阿拉伯数字组成。 例 1：USD100.80。大写金额位于 The sum of 后，习惯上句首加“SAY”，意指“计”，句尾由“ONLY”示意为“整”，小数点用 POINT 或 SENTS 表示。 例 2：SAY US DOLLARS ONE HUNDRED POINT EIGHT ONLY。大小写金额与币制必须相符。通常汇票金额和发票金额一致。如果信用证规定汇票按发票价值 95% 或以“贷记通知单”（Credit Note）方法扣佣时，应从发票中扣除上述金额后的余额作为汇票金额。汇票金额不得超过信用证金额，除非信用证另有规定

续　表

内容	缮制方法
4. 付款期限 (Tenor)	必须按信用证的规定填写。即期付款在 At 与 Sight 之间填上"＊"符号，变成 At ＊ ＊ ＊ ＊ ＊ Sight，表示见票即付。远期付款主要有见票后若干天付款，出票日后若干天付款，提单日后若干天付款和定日付款。 例 1：来证规定见票后 90 天付款（Available against your drafts drawn on us at 90days after sight），在 at 与 sight 之间填入 90 days after，意为从承兑日后第 90 天为付款期； 例 2：来证规定出票日后 60 天付款（Available against presentation of the documents detailed herein and of your drafts at 60 days after date of the draft），则在 at 后填入 60 days after date，将汇票上印就的"sight"画掉，其意为汇票出票日后 60 天付款； 例 3：来证规定提单日后 30 天付款（Available by beneficiary's drafts at 30 days after on board B/L date），则在 at 后填入 30 days after date of B/L，删去 sight，意为提单日后第 30 天付款
5. 受款人 (Payee)	汇票受款人又称抬头人或收款人，是指接受票款的当事人。汇票常见的抬头表示方式： (1) 指示性抬头。即在受款人栏目中填写 Pay to the order of ...，意为付给……人的指定人。我国实际业务中多用中国银行等议付行为受款人，如 Pay to the bank of China。以议付行为收款人，议付行要在汇票背面进行背书。 (2) 限制性抬头。即在受款人栏目中填写 Pay to... only。或 Pay to... not transferable，意为仅付……人或限付给……人，不许转让。使用这种方式多是付款人不愿将本债务和债券关系转移到第三者。 (3) 持票人抬头。又称来人式抬头，即在受款人栏目中填写 Pay to bearer，意为付给持票人。这种方式不用背书就可转让，风险较大，现极少使用
6. 出票条款 (Drawn Clause)	出票条款必须按信用证的描述填于 Drawn under 后，如信用证没有出票条款，其分别填写开证行名称、地址、信用证编号和开证日期
7. 付款人 (Drawee)	汇票付款人即受票人，包括付款人名称和地址，在汇票中以 To...（致……）表示。付款人必须按信用证规定填制，通常为开证行。如果信用证规定"Draft drawn on applicant"或"drawn on us"或未规定付款人时，在 to 后都打上开证行名称和地址。《UCP600》规定不允许开立以开证申请人为付款人的信用证
8. 出票人签章 (Signature of the Drawer)	出票人为信用证受益人，也就是出口商。通常在右下角空白处打上出口商全称，由经办人签名，该汇票才正式生效。如果信用证规定汇票必须手签，应照办

实践操作

凭 SANTANDER CENTRAL HISPANO S.A. 信用证 L/C NO 2016FF
Drawn under ……………………………………………………

日期
Dated MAR.18.2016 支取 Payable with interest @……%……按……息…… 付款

号码 DL2016 汇票金额 USD41000.00 大连
NO ………………… Exchange for Dalian, JULY.15.2016

见票……………………日后（本汇票之副本未付）付交

AT **** sight of this FIRST of Exchange(Second of Exchange being unpaid)

Pay to the order of BANK OF CHINA DALIAN BRANCH the sum of

SAY U.S. DOLLARS FORTY ONE THOUSAND ONLY.

……………………………………………………………………………………

此致
TO: SANTANDER CENTRAL HISPANO S.A.

……………………………………………………………………………………

巩固提升

1. 根据所给信用证，完成结汇单据的缮制

FM：STANDARD CHARTERED BANK，RIO DE JANEIRO BRAZIL

TO：BANK OF CHINA HANGZHOU CHINA

Form of Doc. Cred	*40 A：IRREVOCABLE
Doc. Credit Number	*20：LC1601－18621
Date of Issue	31C：2016－09－15
Expiry	*31 D：Date 2016－11－15 Place CHINA
Applicant	*50：SANTOS TRADE COMPANY LIMITED 355 SAN JOSE BOULEVARD RIO DE JANEIRO BRAZIL

Beneficiary	＊59：ZHEJIANG ELECTRIC APPLIANCE CO.，LTD. 96 GAOJI STREET XIASHA，HANGZHOU CHINA
Amount	＊32B：Currency USD Amount 96，000.00
Available with/by	＊41D：BANKOF CHINA，HANGZHOU BRANCH BY NEGOTIATION
Draft at...	42C：DRAFTS AT 60 DAYS AFTER B/L DATE FOR FULL INVOICE VALUE
Drawee	42A：STANDARD CHARTERED BANK RIO DE JANEIRO BRAZIL
Partial Shipments	43P：NOT ALLOWED
Transshipment	43T：ALLOWED
Port of loading	44E：SHANGHAI
Port of discharge	44F：RIO DE JANEIRO
Latest Date of Ship.	44C：2016－10－31
Descript. of Goods	45A： SOYEA BRAND COLOUR TV SET，800 SETS MODEL 2198，110V，50HZ，WITH REMOTE CONTROL CIF RIO DE JANEIRO USD120.00 PER SET PACKING：ONE SET IN ONE CARTON，800 CARTONS IN ONE 40' HIGH CONTAINER
Documents required	46A： ＋MANUALLY SIGNED COMMERCIAL INVOICE IN 6 COPIES SHOWING S/C NO AND DATE，L/C NO AND DATE AS WELL AS ISSUING BANK'S NAME ＋FULL SET OF CLEAN ON BOARD OCEAN BILLS OF LADING

MADE OUT TO OUR ORDER AND MARKED FREIGHT PREPAID
NOTIFY APPLICANT
+SIGNED PACKING LIST IN 6 COPIES
+ CERTIFICATE OF ORIGIN IN TRIPLICATE SHOWING THE
NAME OF THE MANUFACTURER
+CERTIFICATE QUALITY IN TRIPLICATE ISSUED BY CIQ
+ INSURANCE POLICY IN DUPLICATE FOR AT LEAST 120 PCT
OF THE INVOICE VALUE COVERING ALL RISKS AS PER
INSTITUTE CARGO CLAUSE DATED 1/1/1982 WAREHOUSE TO
WAREHOUSE CLAUSE INCLUDED IN THE SAME CURRENCY
OF THE DRAFTS

Details of Charges 71B: ALL BANKING CHARGES OUTSIDE BRAZIL ARE FOR ACCOUNT OF BENEFICIARY

Presentation Period 48: DOCUMENTS TO BE PRESENTED WITHIN 15 DAYS AFTER THE DATE OF SHIPMENT, BUT WITHIN THE VALIDITY OF THE CREDIT

Ins to Pay/Acc/Neg Bk 78: THE NEGOTIATION BANK MUST FORWARD THE DRAFTS
AND ALL DOCUMENTS BY REGISTERED AIR-MAIL DIRECT TO
US IN TWO CONSECUTIVE LOTS, UPON RECEIPT OF DRAFTS
AND DOCUMENTS ORDER WE WILL REMIT THE PROCEEDS
AS INSTRUCTED BY THE NEGOTIATING BANK

其他相关资料：

发票号码：16SYE2012　　发票日期：2016 年 10 月 14 日

提单号码：SHRIO6730　　提单日期：2016 年 10 月 30 日

船名：APL PEARL V. 730E　　唛头：N/M

产地证号：HZ169216　　税则号：8704. 2000

毛重：每箱 25 千克　　净重：每箱 23 千克

纸箱尺码：（47×47×38）厘米　　1×40 高柜，FCL/FCL

箱号：COSU522809　　封号：91652

合同号：SY870910　　合同日期：2016 年 9 月 10 日

生产厂家名称：浙江秀美电器厂（ZHEJIANG XIUMEI ELECTRIC APPLIANCE FACTORY）

2. 根据国外来证及补充资料缮制发票、装箱单、产地证、提单、保险单、汇票等全套结汇单证

（1）发票

CHINA NATIONAL METALS AND MINERALS EXP & IMP CORP.,JIANGSU BRANCH.

201 ZHUJIANG ROAD , NANJING, JIANGSU, CHINA

COMMERCIAL INVOICE

TO:

INVOICE NO.:
INVOICE DATE:
S/C NO.:

PAYMENT TERMS:

FROM ________________ TO ________________ VIA ________________

MARKS & NO.S	DESCRIPTIONS	QUANTITIES	UNIT PRICE	AMOUNT

TOTAL:

（2）装箱单

CHINA NATIONAL METALS AND MINERALS EXP & IMP CORP.,JIANGSU BRANCH.

201 ZHUJIANG ROAD ,NANJING, JIANGSU, CHINA

PACKING LIST

TO:

DATE:
INVOICE NO.:
L/C NO:
S/C NO.:

SHIPING MARK:

PAYMENT TERMS:

FROM ________ TO ________ VIA ________

C/ NO	NOS &KINGD OF PKGS	ITEM	QTY	G/W	N/W	MEAS

TOTAL:

（3）产地证

<table>
<tr>
<td colspan="3">1. goods consigned from (Exporter's name, address, country)</td>
<td colspan="3" rowspan="2">Reference No.

GENERALIZED SYSTEM OF PREFERENCES
CERTIFICATE ORIGIN
(combined declaration and certificate)
FORM A
Issued in THE PEOPLE'S REPUBLIC OF CHINA
(COUNTRY)
see notes. overleaf</td>
</tr>
<tr>
<td colspan="3">2. goods consigned to (Consignee's s name, address, country)</td>
</tr>
<tr>
<td colspan="3">3.Means of transport and route(as far as known)</td>
<td colspan="3">4.For official use</td>
</tr>
<tr>
<td>5.Item Number</td>
<td>6.Marks and numbers</td>
<td>7.Number and kind of packages; description of goods</td>
<td>8.Origin criterion(see notes overleaf)</td>
<td>9.Gross weight or other Quantity</td>
<td>10.Number and date of invoices</td>
</tr>
<tr>
<td colspan="3">11. Certification
It is hereby certified, on the basis of control out, that the declaration by the exporter is correct.

………………………………………
Place and date, signature and stamp of certifying authority</td>
<td colspan="3">12. Declaration by the exporter
The undersigned hereby declares that the above details and statements are correct; that all the goods were produced in CHINA and that they comply with the origin requirements specified for those goods in the generalized system of preferences for goods exported to

……………………………………………………
(importing country)

…
………………………………………
Place and date, signature and stamp of certifying authority</td>
</tr>
</table>

（4）提单

中国远洋运输集团公司

COSCO

B/L

Shipper　（发货人）

Consignee　（收货人）

Notify Party　（被通知人）

Pre-Carriage By （前程运输）	Place Of Receipt （收货地点）
Ocean Vessel（船名）Voy. No. （航次）	Port Of Loading （装货港）
Port Of Discharge（卸货港）	Place Of Delivery （交货地点）

Marks & Nos . 唛头	No. Of Containers Or P'Kgs. 箱数	Kind of Packages, Description of Goods (包装种类与货名)	Gross Weight 毛重(千克)	Measurement 尺码(立方米)

TOTAL MUMBER OF CONTAINERS
OR PACKAGES(IN WORDS)
集装箱数或件数合计 (大写)

FREIGHT &CHARGES (运费与附加费) FREIGHT PREPAID	Revenue Tons (运费吨)	Rate(运费率)	Per(每)	Prepaid(运费预付)	Collect(运费到付)

Prepaid At(预付地点)　Payable At(到付地点)　Place and date Of Issue(签发地点)

Number of original Bs/L

Signed for or on behalf of the Master
as Agent
签字

（5）保险单

中国平安保险股份有限公司
PING AN INSURANCE COMPANY OF CHINA，LTD.

NO. 1000002596

货 物 运 输 保 险 单
CARGO TRANPORTATION INSURANCE POLICY

被保险人：
Insured ______________________

中国平安保险股份有限公司根据被保险人的要求及其所交付约定的保险费，按照本保险单背面所载条款与下列特款，承保下述货物运输保险，特立本保险单。

This Policy of Insurance witnesses that PING AN INSURANCE COMPANY OF CHINA，LTD.，at the request of the Insured and in consideration of the agreed premium paid by the Insured，undertakes to insure the undermentioned goods in transportation subject to the conditions of Policy as per the clauses printed overleaf and other special clauses attached hereon.

ORIGINAL

保单号
Policy No.

赔款偿付地点
Claim Payable at

发票或提单号
Invoice No. or B/L No.

运输工具
per conveyance S.S.

查勘代理人
Survey By：

起运日期
Slg. on or abt.

自
From

至
To

保险金额
Amount Insured______________________

保险货物项目、标记、数量及包装：
Description, Marks, Quantity & Packing of Goods：

承保条件
Conditions：

签单日期
Date：

For and on behalf of authorized signature

（6）汇票

凭 不可撤销信用证

Drawn under ________________ Irrevocable L/CNo ______________.

日期

Dated _______ 支取 Payable with interest @ _____ % _____ 按 _____ 息 _____ 付款

号码 汇票金额 南京 年 月 日

No：__________ Exchange for Nanjing __________

见票 日后（本汇票之副本未付）

At ____________ Sight of this FIRST of Exchange（Second of exchange being unpaid）

Pay to the order of __________________________ 或其指定人

付金额

The sum of

此致

TO __________________________

模块五　其他单证缮制

学习目标

知识目标：熟悉进出口许可证、装运通知、受益人证明等其他结汇单证含义及作用；了解海关发票，航空运单的含义及缮制内容。

能力目标：能根据合同、信用证及有关资料正确缮制进出口许可证、装运通知、海关发票和航空运单等单证。

任务一　进出口许可证的申领

任务导入

沈阳天天进出口贸易公司出口的货物属于进出口许可证管理范围内的商品。对此，郑爽应向主管部门申请签发许可证，办理出口许可证。

相关知识

一、许可证的含义

进出口货物许可证是国家管理货物出境的法律凭证。进出口许可证，包括法律、行政法规规定的各种具有许可进口或出口性质的证明、文件。进出口许可证是由国家对外经贸行政管理部门代表国家统一签发的、批准某项商品进出口的具有法律效力的证明文件，也是海关查验放行出口货物和银行办理结汇的依据。

根据国家规定，凡是国家宣布实行进出口许可证管理的商品，不管任何单位或个人，也不分任何贸易方式（对外加工装配方式，按有关规定办理），进出口前均须申领进出口许可证；非外贸经营单位或个人运往国外的货物，不论该商品是否实行进出口许可证管理，价值在人民币1000元以上的，一律需申领进出口许可证；属于个人随身携带出境或邮寄出境的商品，除符合海关规定自用、合理数量范围外，也都应申领进出口许可证。

二、出口许可证申请表的缮制

1. “商品编码”

一般为10位数字代码，代码需要正确无误，并与“商品名称”相一致。

2. “申领日期”

应填写递交申请表的日期。

3. “出口许可证号”“出口许可证有效截止日期”

应由发证机关填写，企业请勿填写。

4. 贸易方式

此栏内容有一般贸易、易货贸易、补偿贸易、进料加工、来料加工、外商投资企业出口、边境贸易、出料加工、转口贸易、期货贸易、承包工程、归还贷款出口、国际展销、协定贸易、其他贸易。进料加工复出口时，此栏填写进料加工。外商投资企业进料加工复出口时，贸易方式填写外商投资企业出口。非外贸单位出运展卖品和样品每批价值在5000元以上的，此栏填写“国际展览”。各类进出口企业出运展卖品，此栏填写“国际展览”，出运样品填写一般贸易。

5. 合同号

指申领许可证、报关及结汇时所用出口合同的编码。展品出运时，此栏应填写商务部批准办展的文件号。

6. 报关口岸

报关口岸指出运口岸。

7. 进口国（地区）

指最终目的地，即合同目的地，不允许使用地域名（如欧洲等）。

8. 支付方式

信用证、托收、汇付、本票、现金、记账和免费等。

9. 运输方式

可填写海上运输、铁路运输、公路运输、航空运输、邮政运输、固定运输。

10. 商品名称和编码

按外经贸部发布的出口许可证管理商品目录的标准名称填写。

11. 规格等级

规格等级栏，用于对所出商品作具体说明，包括具体品种、规格（如水泥标号、钢材品种等）、等级（如兔毛等级）。同一编码商品规格型号超过四种时，应另行填写出口许可证申请表。“劳务出口物资”也应按此填写。出运货物必须与此栏说明的出口品种、规格或等级相一致。

12. 单位

单位指计量单位。非贸易项下的出口商品，此栏以“批”为计量单位，具体单位在备注栏中说明。

13. 数量、单价及总值

数量表示该证允许出口商品的多少。此数值允许保留一位小数，凡位数超出的，一律以四舍五入进位。计量单位为“批”的，此栏均为1。单价是指与计量单位相一致的单位价格，计量单位为“批”的，此栏则为总金额。

14. 备注

填写以上各栏未尽事宜。

实践操作

中华人民共和国出口许可证申请表

1. 进口商：沈阳天天进口公司　代码 1428975312 领证人姓名：郑爽　电话：86714976	3. 出口许可证号：04HZ12457
2. 收货人： 沈阳天天进出口公司	4. 出口许可证有效截止日期： 年　月　日
5. 贸易方式： 一般贸易	8. 进口国（地区）： 英国
6. 合同号： ANA 2014	9. 付款方式： L/C
7. 报关口岸： 大连	10. 运输方式： 海运
11. 商品名称：　手工用具	商品编码：8624.0067

12. 规格、型号	13. 单位	14. 数量	15. 单价（币别）	16. 总值（币别）	17. 总值折美元
M1	件	3000	10.00	30000.00	30000.00

续 表

M2	件	1000	11.00	11000.00	11000.00
18. 总计：	件	4000		41000.00	41000.00

19. 备注 大连进出口贸易公司 申请日期：2016.6.12	20. 签证机构审批（初审）： 经办人： 终审：

中华人民共和国商务部监制

制填表说明：1. 本表应用正楷逐项填写清楚，不得涂改，不得遗漏，否则无效。

2. 本表内容需打印多份许可证的，请在备注栏内注明。

三、进口许可证申请表的填制

凡申领进口许可证的单位，应按以下规范填写进口许可证申请表。

1. 进口商

应填写经商务部批准或核定的进出口企业名称及编码。外商投资企业进口也应填写公司名称及编码；非外贸单位进口，应填写“自购”，编码为“00000002”；如接受国外捐赠，此栏应填写“赠送”，编码为“00000001”。

2. 收货人

应填写配额指标单位，配额指标单位应与批准的配额证明一致；

3. 进口许可证号

由发证机关编排。

4. 进口许可证有效截止日期

一般为一年（另有规定者除外）。

5. 贸易方式

此栏的内容有：一般贸易、易货贸易、补偿贸易、协定贸易、进料加工、来料加工、外商投资企业进口、国际租赁、国际贷款进口、国际援助、国际招标、国际展销、国际拍卖、捐赠、赠送、边境贸易、许可贸易等。

6. 外汇来源

此栏的内容有银行购汇、外资、贷款、赠送、索赔、无偿援助、劳务等。外商投资企业进口、租赁等填写“外资”；对外承包工程调回设备和驻外机构调回的进口许可证管理商品、公用物品，应填写“劳务”。

7. 报关口岸

应填写进口到货口岸。

8. 出口国（地区）

即外商的国别（地区）。

9. 原产地国

应填写商品进行实质性加工的国别、地区。

10. 商品用途

可填写自用、生产用、内销、维修、样品等。

11. 商品名称和编码

应按商务部公布的实行进口许可证管理商品目录填写。

12. 规格、型号

只能填写同一编码商品不同规格型号的 4 种，多于 4 种型号应另行填写许可证申请表。

13. 单位

单位指计量单位。各商品使用的计量单位由商务部统一规定，不得任意变动。合同中使用的计量单位与规定的计量单位不一致时，应换算成统一计量单位。非限制进口商品，此栏以“套”为计量单位。

14. 数量

应按商务部规定的计量单位填写，允许保留一位小数。

15. 单价（币值）

应填写成交时用的价格或估计价格并与计量单位一致。

样单：

中华人民共和国进口许可证申请表

<table>
<tr><td colspan="3">1. 进口商： 代码</td><td colspan="3">3. 进口许可证号：</td></tr>
<tr><td colspan="3">2. 收货人：
大连瑞星进口公司</td><td colspan="3">4. 进口许可证有效截止日期：
年 月 日</td></tr>
<tr><td colspan="3">5. 贸易方式：
一般贸易</td><td colspan="3">8. 出口国（地区）：</td></tr>
<tr><td colspan="3">6. 外汇来源：</td><td colspan="3">9. 原产地国（地区）：</td></tr>
<tr><td colspan="3">7. 报关口岸：</td><td colspan="3">10. 商品用途：</td></tr>
<tr><td colspan="3">11. 商品名称：</td><td colspan="3">商品编码：</td></tr>
<tr><td>12. 规格、型号</td><td>13. 单位</td><td>14. 数量</td><td>15. 单价（币别）</td><td>16. 总值（币别）</td><td>17. 总值折美元</td></tr>
<tr><td></td><td></td><td></td><td></td><td></td><td></td></tr>
<tr><td></td><td></td><td></td><td></td><td></td><td></td></tr>
<tr><td></td><td></td><td></td><td></td><td></td><td></td></tr>
<tr><td></td><td></td><td></td><td></td><td></td><td></td></tr>
<tr><td>18. 总计：</td><td></td><td></td><td></td><td></td><td></td></tr>
<tr><td colspan="2">19. 领证人姓名：

联系电话：

申请日期：

下次联系日期：</td><td colspan="4">不能获准原因：
1. 公司无权经营；
2. 公司编码有误；
3. 到港不妥善；
4. 品名与编码不符；
5. 单价（高）低；
6. 币别有误；
7. 漏填第（ ）项；
8. 第（ ）项须补充说明函；
9. 第（ ）项与批件不符；
10. 其他。</td></tr>
</table>

中华人民共和国商务部监制　　　　第二联（副本）取证凭证

任务二　缮制装运通知

任务导入

沈阳天天进出口贸易公司的郑爽在办妥租船订舱手续后，还应及时向进口方发出装船通知，以便进口方安排收货和保险等事宜。郑爽需要完成的工作任务有哪些?

相关知识

一、装运通知的含义

装运通知（Shipping advice）是指出口商向进口商发出货物已于某月某日或将于某月某日装运某船的通知。装运通知的作用在于方便买方购买保险或准备提货手续，其内容通常包括货名、装运数量、船名、装船日期、契约或信用证号码等。这项通知，大多以电报方式为之，当然也有用航邮方式的。装运通知的作用在于方便买方投立保险、准备提货手续或转售；出口商做此项通知时，有时需附上或另行寄上货运单据副本，以便进口商明了装货内容。若碰到货运单据正本迟到的情况，仍可及时办理担保提货（delivery against letter of guarantee）。

装运通知没有统一的格式，一般由发货人自行设计，可采用电报、电传、传真及E-mail等各种形式发送。内容一定要符合信用证的有关规定。

二、装运通知的主要内容及其缮制

1. 单据名称

单据名称主要有下面几种形式：Shipping/Shipment Advice、Advice of shipment等，也有人将其称为shipping statement/declaration，如信用证有具体要求，按信用证的规定填制。

2. 通知的对象

通知的对象应按信用证规定填写，可以是开证申请人、申请人的指定人或保险公司等。

3. 通知的内容

通知的内容主要包括所发运货物的合同号或信用证号、品名、数量、金额、运输工具名称、开航日期、启运地和目的地、提运单号码、运输标志等，并且与其他相关单据保持一致，如信用证提出具体项目要求，应严格按规定出单。另外，通知中还可能出现包装说明、ETD（船舶预离港时间）、ETA（船舶预抵港时间）、ETC（预计开始装船时间）等内容。

4. 缮制和签发日期

日期不能超过信用证约定的时间，常见的有以小时为准（Within 24/48 hours）和以天（Within 2 days after shipment date）为准两种情形，信用证没有规定时应在装船后立即发出，如信用证规定“Immediately after shipment”（装船后立即通知），应掌握在提单后三天之内。

5. 签署

一般可以不签署，如信用证要求“certified copy of shipping advice”，通常加盖受益人条形章。

三、缮制装运通知的注意事项

1. CFR/CPT 交易条件下发货装运通知的必要性

因货物运输和保险分别由不同的当事人操作，所以受益人有义务向申请人对货物装运情况给予及时、充分的通知，以便进口商投递保险，否则如漏发通知，则货物越过船舷后的风险仍由受益人承担。

2. 通知应按规定的份数、内容、方式、时间发出

通知以英文制作，无统一格式，内容一定要符合信用证的规定，一般只提供一份。

3. 各名称之间的区别。

Shipping instructions 意思是“装运须知”，一般是进口商发给出口商的；shipping note/bill 指装货通知单/船货清单；shipping order 简称 S/O，含义是装货单/关单/下货纸（是海关放行和命令船方将单据上载明的货物装船的文件）。

四、信用证中有关装运通知条款分析

（1）ORIGINAL FAX FROM BENEFICIARY TO OUR APPLICANT EVIDENCING B/L NO.，NAME OF SHIP，SHIPMENT DATE，QUANTITY AND VALUE OF GOODS. 其要求应向申请人提交正本通知一份，通知上列明提单号、船名、装运日期、货物的数量和金额。制作单据时只要按所列项目操作即可。

（2）THE NAME OF INSURANCE CO. AND THE POLICY NO. CCN DD. —HAVE TO BE MENTIONED ON B/L，SHIPMENT ADVICE TO BE MADE TO SAID INSURANCE CO. VIA TLX NO. CCN INDICATING POLICY NO. AND DETAILS OF SHIPMENT，A COPY OF WHICH IS TO BE ACCOMPANIED BY THE ORIGINAL DOCS. 提单上应明确保险公司

的名称、保单号码和出单日期，所出的装运通知则应标明保险公司名称、电传号码、保单号码和货物的详细情况，电抄副本随正本单据向银行提交。

(3) SHIPMENT ADVICE WITH FULL DETAILS INCLUDING SHIPPING MARKS, CTN NUMBERS, VESSEL'S NAME, B/L NUMBER, VALUE AND QUANTITY OF GOODS MUST BE SENT ON THE DATE OF SHIPMENT TO US. 该项规定要求装运通知应列明包括运输标志、箱号、船名、提单号、货物金额和数量在内的详细情况，并在货物发运当天寄开证行。

(4) BENEFICIARY MUST FAX ADVICE TO THE APPLICANT FOR THE PARTICULARS BEFORE SHIPMENT EFFECTED AND A COPY OF THE ADVICE SHOULD BE PRESENTED FOR NEGOTIATION. 受益人以传真的方式发出装运通知，是在货物装运前发出，并将传真副本作为议付单据提交。

(5) SHIPMENT ADVICE QUOTING THE NAME OF THE CARRYING VESSEL, DATE OF SHIPMENT, NUMBER OF PACKAGES, SHIPPING MARKS, AMOUNT, LETTER OF CREDIT NUMBER, POLICY NUMBER MUST BE SENT TO APPLICANT BY FAX, COPIES OF TRANSMITTED SHIPMENT ADVICE ACCOMPANIED BY FAX TRANSMISSION REPORT MUST ACCOMPANY THE DOCUMENTS. 本条款表明船名、装船日期、包装号、唛头、金额、信用证号、保险单号的装船通知必须由受益人传真给开证人，装运通知和传真副本以及发送传真的电讯报告必须随附议付单据提交。

装运通知是信用证常见的单据，在制作装运通知时一定要对照信用证要求，不仅应满足信用证对发出装运通知时间的要求，还应满足对装运通知内容的要求。否则会影响信用证的结汇。

实践操作

Shipping Advice

MESSRS: Date: JUN. 30. 2016

Fax NO.: 0417-89379123 INV. NO.: DL2016

L/C NO.:

WE HAVE SHIPPED THE GOODS UNDER S/C NO. 2016FF, THE DETAILS OF THE SHIPMENT ARE AS FOLLOWS:

FROM: DALIAN TO LONDON VIA * * *

MARKS	DESCRIPTION OF GOODS	QUANTITY	AMOUNT
	BAG	400CARTONS	USD41000.00

PACKED IN ONE CARTON OF 10SET EACH

M. E

2016DL

LONDON C/NO. 1 – 400

VESSEL'S NAME：DONGFENG V. 126

B/L NO. ：BL2016

ETD：JUN. 30. 2016

ETA：JULY. 17. 2016

We here with certify this message to be true and correct.

Beneficiary's signature

任务三 缮制受益人证明

任务导入

沈阳天天进出口贸易公司的郑爽应进口商的要求，将副本提单通过航邮的方式寄交给进口商，并出具受益人证明。郑爽需要完成的工作任务有哪些？

相关知识

一、受益人证明的含义

受益人证明（BENEFICIARY'S CERTIFICATE）是一种由受益人自己出具的证明，以便证明自己履行了信用证规定的任务或证明自己按信用证的要求办事，如证明所交货物的品质、证明运输包装的处理、证明按要求寄单等。

一般无固定格式，内容多种多样，以英文制作，通常签发一份。

受益人证明/声明多种多样，通常是证明货物的品质、唛头、包装标识、装运以及其他寄单事项的单据，由受益人根据信用证的要求来缮制；有关运输方面的证明则是卖方为满足买方对货物在运输方面的特殊要求而开立的证明文件，根据情况它可以由受益人出具，也可以由相关的运输公司出具。

二、受益人证明内容

（1）单据名称。这种单据的名称因所证明事项不同而略异，可能是寄单证明、寄样证明（船样、样卡和码样等）、取样证明、证明货物产地、品质、唛头、包装和标签情况、电抄形式的装运通知、证明产品生产过程、证明商品业已检验、环保、人权方面的证明（非童工、非狱工制造）等。

（2）证明上通常会显示发票号、合同号或信用证号以表明与其他单据的关系。

（3）证明的内容应严格与合同或信用证规定相符。

（4）因属于证明性质，按有关规定证明人（受益人）必须签字。

（5）单据一般都应在规定的时间内做出。

三、受益人证明的种类

1. 寄单证明（Beneficiary's certificate for despatch of documents）

寄单证明是最常见的一种，通常是受益人根据规定，在货物装运前后一定时期内，邮寄/传真/快递给规定的收受人全套或部分副本单据，并将证明随其他单据交银行议付。例如，CERTIFICATE FROM THE BENEFICIARY STATING THAT ONE COPY OF THE DOCUMENTS CALLED FOR UNDER THE LC HAS BEEN DISPATCHED BY COURIER SERVICE DIRECT TO THE APPLICANT WITHIN 3 DAYS AFTER SHIPMENT.

2. 寄样证明（Beneficiary's certificate for despatch of shipment sample）

例如，CERTIFICATE TO SHOW THAT THE REQUIRED SHIPMENT SAMPLES HAVE BEEN SENT BY DHL TO THE APPLICANT ON JULY 10，2005（受益人只要按规定出单即可）。

3. 包装和标签证明

例1：某信用证要求：A CERTIFICATE FROM THE BENEFICIARY TO THE EFFECT THAT ONE SET OF INVOICE AND PACKING LIST HAS BEEN PLACED ON THE INNER SIDE OF THE DOOR OF EACH CONTAINER IN CASE OF FCL CARGO OR ATTACHED TO THE GOODS OR PACKAGES AT AN OBVIOUS PLACE IN CASE OF LCL CARGO，其意思是受益人应证明已把一套发票和箱单贴在集装箱箱门内侧（整箱货）或拼箱货的显眼的地方。例2：BENEFICIARY CERTIFICATE IN TRIPLICATE STATING THE SHIPMENT DOES NOT INCLUDE NON－MANUFACTURED WOOD DUNNAGE，PALLETS，CRATING OR OTHER PACKAGING MATERIALS；THE SHIPMENT IS COMPLETELY FREE OF WOOD BARK，VISIBLE PESTS AND SIGNS OF LIVING PESTS（要求三份单据，证明货物未再加工、非木制包装、无树皮、无肉眼可见虫害、无活虫）。

4. 其他规定

例如，CERTIFICATE CONFIRMING THAT ALL GOODS ARE LABELLED IN ENGLISH（货物加贴英文标签）；BENEFICIARY'S CERTIFICATE STATING ORIGINAL B/L OF 1 SET CARRIED BY THE CAPTAIN OF THE VESSEL（一套正本提单已交由船长携带）；A STATEMENT FROM THE BENEFICARY EVIDENCING THAT PACKING EFFECTED IN 25KGS CTN（货物 25 千克箱装）；BENEFICIARY'S CERTIFICATE CONFIRMING THEIR ACCEPTANCE OF THE AMENDMENT DATED 10/09/2005 MADE UNDER THIS CREDIT Q.

QUOTING THE RELEVANT AMENDMENT NUMBER（确认改证内容）；CERTIFICATE TO SHOW GOODS ARE NOT OF ISRAELI ORIGIN AND DO NOT CONTAIN ANY ISRAELI MATERIAL（货物须保证非以色列产并且不含以色列的材料）。

此类证明一般采用函电形式，格式由出口企业按照信用证规定或买方要求的内容自行设计，制单日期应与证明内容相吻合，而且最迟不得晚于交单日期，如提单日期为 4 月 15 日，信用证规定："BENEFICIARY'S CERTIFICATES CERTIFY THAT CABLE COPY OF SHIPPING ADVICE DISPATCHED TO THE APPLICANT IMMEDIATELY AFTER SHIPMENT"，则受益人证明的出单日期只能在 4 月 15—18 日，而不能是其他时间。若为寄单证明还应列明卖方所寄单据的种类和份数。此类单据的参考格式如"实践操作"中所示。

实践操作

例，若信用证规定为：BENEFICIARY'S CERTIFICATE EVIDENCING THAT 2/3 B/L MUST BE SENT BY AIRMAIL TO MENINI IMP & EXP. CORP.，NOT LATER THAN DATE OF PRESENTATION OF NEGOTIABLE DOCUMENTS，则受益人证明如下：

大连欣欣工具进出口有限公司

DALIAN XINXIN TOOL I/E CORP. LTD.

NO. 16 ZHONGSHAN ROAD，DALIAN，CHINA

BENEFICIARY'S CERTIFICATE

MESSRS：

F. F COMPANY

3 -7 HOLY GREEN，LONDON，UK

DATE: JUN 15, 2016

FAX NO.: 0417 – 89379123　　PLACE.: DALIAN, CHINA

WE HEREBY CERTIFY THAT 2/3 B/L HAVE BEEN SENT BY AIRMAIL TO MENINI IMP & EXP. CORP.

大连欣欣工具进出口有限公司
DALIAN XINXIN TOOL I/E CORP. LTD

任务四　缮制海关发票

任务导入

对于出口到加拿大等国家的货物，应进口商的要求往往还需要缮制海关发票。

相关知识

一、海关发票的含义

海关发票（customs invoice/certified invoice），是进口商向进口国海关报关的证件之一。是根据某些国家海关的规定，由出口商填制的供进口商凭以报关用的特定格式的发票，要求国外出口商填写，供本国商人（进口商）随附商业发票和其他有关单据，凭以办理进口报关手续。其内容较一般商业发票复杂。海关发票的作用是便于进口国按国别及化价信用不同税率征收关税。采用海关发票的有加拿大、澳大利亚、新西兰等国。

二、海关发票的作用

（1）供进口国海关核定货物的原产地国，以采取不同的国别政策。

（2）供进口商向海关办理进口报关、纳税等手续。

（3）供进口国海关掌握进口商品在出口国市场的价格情况，以确定是否低价倾销，以便征收反倾销税。

（4）供进口国海关作为统计的依据。

三、加拿大海关发票的缮制

加拿大海关发票是指销往加拿大的出口货物（食品除外）所使用的海关发票。其栏目用英文、法文两种文字对照，内容繁多，要求每个栏目都要填写，不得留空，若不适用或无该项内容，则必须在该栏目内填写“N/A”（即“NOT APPLICABLE”）。

加拿大海关发票的主要栏目及缮制方法如下：

①卖方的名称与地址 VENDOR（NAME AND ADDRESS）：填写出口商的名称及地址，包括城市和国家名称。信用证支付条件下此栏填写受益人名址。

②直接运往加拿大的装运日期（DATE OF DIRECT SHIPMENT TO CANADA）：即填写直接运往加拿大的装运日期，此日期应与提单日期相一致。如单据送银行预审，也可请银行按正本提单日期代为加注。

③其他参考事项，包括买方订单号码（ORDER REFERENCE，INCLUDE PURCHASER'S ORDER NUMBER）：填写有关合同、订单或商业发票号码。

④收货人名称及地址（CONSIGNEE，NAME AND ADDRESS）：填写加拿大收货人的名称与详细地址。信用证项下一般为信用证的开证人。

⑤买方（PURCHASER'S NAME AND ADDRESS）：填写实际购货人的名称及地址。如与第四栏的收货人相同，则此栏可打上“SAME AS CONSIGNEE”。

⑥转运国家（COUNTRY OF TRANSHIPMENT）：应填写转船地点的名称。如在香港转船，可填写：“FROM SHANGHAI TO VANCOVER WITH TRANSHIPMENT AT HONGKONG BY VESSEL”。如不转船，可填 N/A（即 NOT APPLICCABLE）。

⑦生产国别（COUNTRY OF ORIGIN OF GOODS）：填写 CHINA。若非单一的国产货物，则应在 12 栏中详细逐项列明各自的原产地国名。

⑧运输方式及直接运往加拿大的起运地点（TRANSPORTATION：GIVE MODE AND PLACE OF DIRECT SHIPMENT TO CANADA），只要货物不在国外加工，不论是否转船，均填写起运地和目的地名称以及所用运载工具。如 FROM SHANGHAI TO MONTREAL BY VESSEL。

⑨价格条件及支付方式，如销售、委托发运、租赁商业等（CONDITION OF SALES AND TERMS OF PAYMENT，I. E. SALE，CONSIGNMENT，SHIPMENT，LEASED GOODS，ETC）：按商业发票的价格术语及支付方式填写。如 CIF VANCOUVER D/P AT SIGHT 或 C AND F MONTREAL BY L/C AT SIGHT。

⑩货币名称（CURRENCY OF SETTLEMENT）：卖方要求买方支付货币的名称，须与商业发票使用的货币相一致。如 CAD。

⑪件数（NUMBER OF PACKAGE）：填写该批商品的总包装件数。如：600 CARTONS。

⑫商品详细描述（SPECIFICATION OF COMMODITIES，KIND OF PACKAGES，MARKS AND NUMBERS，GENERAL DESCRIPTION AND CHARACTERISTICS，I. E. GRADE，QUALITY）：应按商业发票同项目描述填写，并将包装情况及唛头填写此栏（包括种类、唛头、品名和特性，即等级、品质）。

⑬数量（QUANTITY，STATE UNIT）：应填写商品的具体数量，而不是包装的件数。

⑭单价（UNIT PRICE）：应按商业发票记载的每项单价填写，使用的货币应与信用证和商业发票一致。

⑮总值（TOTAL）：应按商业发票的总金额填写。

⑯净重及毛重的总数（TOTAL WEIGHT）：填写总毛重和总净重，应与其他单据的总毛重和总净重相一致。

⑰发票总金额（TOTAL INVOICE VALUE）：按商业发票的总金额填写。

⑱IF ANY OF FIELDS 1 TO 17 ARE INCLUDED ON AN ATTACHED COMMERCIAL INVOICE，CHECK THIS BOX：如果 1 ~ 17 栏的任何栏的内容均已包括在所随附的商业发票内，则在方框内填一个“√”记号，并将有关商业发票号填写在横线上。

⑲出口商名称及地址，如并非买方（EXPORTERS NAME AND ADDRESS，IF OTHER THAN VENDOR）：如出口商与第 1 栏的卖方不是同一名称，则列入实际出口商名称；而若出口商与第一栏卖方为同一者，则在本栏打上“ THE SAME AS VENDOR”。

⑳负责人的姓名及地址（ORIGINATOR，NAME AND ADDRESS）：通常填写公司经理的名称和地址并加此人手签。

㉑主管当局现行管理条例，如适用者（DEPARTMENTAL RULING，IF ANY）指加方海关和税务机关对该货物进口的有关规定。如有，则要求填写，如无，则填“N/A”（即 NOT APPLICABLE）。

㉒如果 23 ~ 25 三个栏目均不适用（IF FIELDS 23 TO 25 ARE NOT APPLICABLE CHECK THIS BOX□）可在方框内打“√”记号。

㉓如果以下金额已包括在第 17 栏目内（IF INCLUDED IN FIELD 17 INDICATE AMOUNT）：

自起运地至加拿大的运费和保险费：可填运费和保险费的总和，允许以支付的原币填写。若不适用则填“N/A”。

货物进口到加拿大后进行建造、安装及组装而发生的成本费用，按实际情况填列；若不适用，可打上 N/A。Ⅲ、出口包装费用（EXPORT PACKING）可按实际情况将包装费用金额打上，如无，则填“N/A”。

㉔如果以下金额不包括在第 17 栏目内（IF NOT INCLUDED IN FIELD 17 INDICATE AMOUNT）：若 17 栏不包括，则注明金额：ⅠⅡⅢ 三项，一般填“N/A”。如果在 FOB 等价格条件下，卖方又替买方租船订舱时，其运费于货到时支付，则Ⅰ栏可填实际运费额。

㉕CHECK（IF APPLICABLE）。

若适用，在方格内打“√”记号。本栏系补偿贸易、来件、来料加工、装配等贸易方式专用；一般贸易不适用，可在方格内填“N/A”。

加拿大海关发票样单

<table>
<tr><td colspan="3">Revenue Canada Revenue Canada CANADA CUSTOMS INVOICE
Customs and Excise Douanes et Accise *FACTURE DES DOUANES CANADIENNES*</td><td colspan="3">Page1 of 1 de</td></tr>
<tr><td colspan="3">1. Vendor (Name and Address)
HUBEI INTERNATIONAL AIRLINE SERVICE CO., LTD.
12/F, XIAONANHU BUILDING, NO. 26, TAIBEI FIRST
ROAD, WUHAN 430015, CHINA</td><td colspan="3">2. Date of Direct Shipment to Canada
MARCH 31, 2016
3. Other References (include Purchaserys Order No.)

INVOICE NO. 09HAS2E09</td></tr>
<tr><td colspan="3" rowspan="3">4. Consignee (Name and Address)

RAINBOW SPORTWEAR MANUFATURING LTD., 15625 STONY PLAIN ROAD NORTH-WESTERN,
EDMONTON, CANADA</td><td colspan="3">5. Purchaser's Name and Address

SAME AS THE CONSIGNEE</td></tr>
<tr><td colspan="3">6. Country of Transhipment
NOT APPLICABLE (N/A)</td></tr>
<tr><td>7. Country of Origin of Good CHINA</td><td colspan="2">IF SHIPMENT INCLUDES GOODS OF DIFFERENT ORIGINS ENTER ORIGINS AGAINST ITEMA IN12
SIL ' EXPEDON COMPREND DES MARCHANDISES D' ORIGINES</td></tr>
<tr><td colspan="3" rowspan="2">8. Transportation Give Mode and Place of Direct Shipment to Canada
FROM SHANGHAI TOEDMONTON VIA VANCOUVER,
BY MULTIMODAL TRANSPORATION</td><td colspan="3">9. Conditions of Sale and Terms of Payment
FOB SHANGHAI, PAYMENT BY T/T</td></tr>
<tr><td colspan="3">10. Currency of Settlement/*Devises du paiement*
U. S. DOLLAR</td></tr>
<tr><td rowspan="2">11. No of Pkgs</td><td rowspan="2">12. Specification of Commodities (Kind of Packages, Marks, and Numbers, General)</td><td rowspan="2">13. Quantity (State Unit)</td><td colspan="3">Selling Price</td></tr>
<tr><td>14. Unit Price</td><td colspan="2">15. Total</td></tr>
<tr><td>51CARTONS</td><td>SHIPPING MARK: RAINBOW DENIM SHIRTS
INV. 2E09
C/NO. 1-51</td><td>1224 PIECES</td><td>USD4. 25/PC</td><td colspan="2">USD5202. 00</td></tr>
</table>

18. if any Of fields 1 to 17 are included on an attached commercial invoice, check this box *si tout renseignement relatlvement aux zones* 1 *e* 17 *ligure sur une ou des tactures commerciaies ci – attachees cocher cette case* √ *commercial invoice No.* 1 *N de la factre commerciaie* 09HAS2E09	16. Total Weight/*Poids Total* Net: 765KG Gross/*Brut*: 841.5KG	17. Invoice Total USD5202.00
19. Exporter's Name and Address (if other than Vendor) HUBEI INTERNATIONAL AIRLINE SERVICE CO., LTD. 12/F, XIAONANHU BUILDING, NO. 26, TAIBEI FIRST ROAD, WUHAN 430015, CHINA	20. Originator (Name and Address) SAME AS THE VENTOR	
21. Departmental Rulikg (if applicable) N/A	22. If fields 23 to 25 are not applicable, check this box √	

23. if included in field 17 indicate amount	24. If not included in field 17 indicate amount	25. Check (if applicable)
(Ⅰ) Transportation charges, expenese and insurance from the place of direct shipment to Canada ________	(Ⅰ) Transportation charges, expense and insurance to the place of direct shipment to Canada ________	(Ⅰ) Royalty payments or subsequent proceede are paid or payable by the purchaser ________
(Ⅱ) Costs for const: action, erection and assembly incurred atter importation into Canada ________	(Ⅱ) Amounts for commissions other than buying commissions ________	(Ⅱ) The purchaser has supplied goods or services for use in the production of these goods ________
(Ⅲ) Export packing ________	(Ⅲ) Export packing ________	

任务五　缮制航空运单

任务导入

对于一些交货时间要求高、紧急的货物；鲜活易腐的货物；货值高、贵重的货物往往采用航空运输方式，这时就要求缮制航空运单。

相关知识

一、航空运单的含义

航空运单（airway bill）是承运人与托运人之间签订的运输契约，也是承运人或其代理人签发的货物收据。航空运单还可作为核收运费的依据和海关查验放行的基本单据。但航空运单不是代表航空公司的提货通知单。在航空运单的收货人栏内，必须详细填写收货人的全称和地址，而不能做成指示性抬头。

二、航空运单的分类

1. 主运单（Master Air Waybill，MAWB）

由航空运输公司签发的航空运单就称为主运单。它是航空运输公司据以办理货物运输和交付的依据，是航空公司和托运人订立的运输合同，每一批航空运输的货物都有自己相对应的航空主运单。

2. 分运单（House Air Waybill，HAWB）

集中托运人在办理集中托运业务时签发的航空运单称为航空分运单。

三、航空运单的填制

航空运单与海运提单类似，也有正面、背面条款之分，不同的航空公司也会有自己独特的航空运单格式。所不同的是，航运公司的海运提单可能千差万别，但各航空公司所使用的航空运单则大多借鉴 IATA 所推荐的标准格式，差别并不大。所以这里只介绍这种标准格式，也称中性运单。下面就有关需要填写的栏目说明如下：

（1）始发站机场：需填写 IATA 统一制定的始发站机场或城市的三字代码，这一栏应该和 11 栏相一致。1A：IATA 统一编制的航空公司代码，如我国的国际航空公司的代码就是 999；1B：运单号。

（2）发货人姓名、住址（Shipper's Name and Address）：填写发货人姓名、地址、所在国家及联络方法。

（3）发货人账号：只在必要时填写。

（4）收货人姓名、住址（Consignees Name and Address）：填写收货人姓名、地址、所在国家及联络方法。与海运提单不同，因为空运单不可转让，所以“凭指示”之类的字样不得出现。

（5）收货人账号：同（3）栏一样只在必要时填写。

（6）承运人代理的名称和所在城市（Issuing Carriers AgentName and City）。

（7）代理人的 IATA 代号。

（8）代理人账号。

（9）始发站机场及所要求的航线（Airport of Departure and Requested routing）：这里的始发站应与（1）栏填写的相一致。

（10）支付信息（Accounting Information）：此栏只有在采用特殊付款方式时才填写。

（11）去往（To）：分别填入第一（二、三）中转站机场的 IATA 代码。承运人（By）：分别填入第一（二、三）段运输的承运人。

（12）货币（Currency）：填入 ISO 货币代码。

（13）收费代号：表明支付方式。

（14）运费及声明价值费（Weight Charge/Valuation Charge，WT/VAL）：此时可以有两种情况：预付（PPD，Prepaid）和到付（COLL collect）。需要注意的是，航空货物运输中运费与声明价值费支付的方式必须一致，不能分别支付。

（15）其他费用（Other）：也有预付和到付两种支付方式。

（16）运输声明价值（Declared Value for Carriage）：在此栏填入发货人要求的用于运输的声明价值。如果发货人不要求声明价值，则填入“NVD（No Value Declared）”。

（17）海关声明价值（Declared Value for Customs）：发货人在此填入对海关的声明价值，或者填入“NCV（No Customs Valuation）”，表明没有声明价值。

（18）目的地机场（Airport of Destination）：填写最终目的地机场的全称。

（19）航班及日期（Flight/Date）：填入货物所搭乘航班及日期。

（20）保险金额（Amount of Insurance）：只有在航空公司提供代保险业务而客户也有此需要时才填写。

（21）操作信息（Handling Information）：一般填入承运人对货物处理的有关注意事项，如“Shippers certification for live animals（托运人提供活动物证明）”等。

（22A）—（22L）货物运价、运费细节。

（22A）货物件数和运价组成点（No. of Pieces RCP，Rate Combination Point）：填入货物包装件数。如10包即填“10”。当需要组成比例运价或分段相加运价时，在此栏填入运价组成点机场的IATA代码。

（22B）毛重（Gross Weight）：填入货物总毛重。

（22C）重量单位：可选择公斤（kg）或磅（lb）。

（22D）运价等级（Rate Class）：针对不同的航空运价共有6种代码，分别是M（Minimum，起码运费）、C（Specific Commodity Rates，特种运价）、S（Surcharge，高于普通货物运价的等级货物运价）、R（Reduced，低于普通货物运价的等级货物运价）、N（Normal，45千克以下货物适用的普通货物运价）、Q（Quantity，45千克以上货物适用的普通货物运价）。

（22E）商品代码（Commodity Item No.）：在使用特种运价时需要在此栏填写商品代码。

（22F）计费重量（Chargeable Weight）：此栏填入航空公司据以计算运费的计费重量，该重量可以与货物毛重相同也可以不同。

（22G）运价（Rate/Charge）：填入该货物适用的费率。

（22H）运费总额（Total）：此栏数值应为起码运费值或者是运价与计费重量两栏数值的乘积。

（22I）货物的品名、数量，含尺码或体积（Nature and Quantity of Goods incl. Dimensions or Volume）：货物的尺码应以厘米或英寸为单位，尺寸分别以货物最长、最宽、最高边为基础。体积则是上述三边的乘积，单位为立方厘米或立方英寸。

（22J）该运单项下货物总件数。

（22K）该运单项下货物总毛重。

（22L）该运单项下货物总运费。

（23）其他费用（Other Charges）：指除运费和声明价值附加费以外的其他费用。根据IATA规则各项费用分别用三个英文字母表示。其中前两个字母是某项费用的代码，如运单费就表示为AW（Air Waybill Fee）。第三个字母是C或A，分别表示费用应支付给承运人（Carrier）或货运代理人（Agent）。

（24）—（26）分别记录运费、声明价值费和税款金额，有预付与到付两种方式。

（27）—（28）分别记录需要付与货运代理人（Due Agent）和承运人（Due Carrier）的其他费用合计金额。

（29）预付的总费用。

（30）到付的总费用。

（31）发货人的签字。

（32）签单时间（日期）、地点、承运人或其代理人的签字。

（33）货币换算及目的地机场收费记录。

以上所有内容不一定要全部填入空运单，IATA 也并未反对在运单中写入其他所需的内容。但这种标准化的单证对航空货运经营人提高工作效率，促进航空货运业向电子商务的方向迈进有着积极的意义。

航空运单样单如下所示。

航空运单样单

(1)		**999 –** 08031256
Shipper's Name and Address (2)	Shipper's Account Number (3)	
		Copies 1, 2 and 3 of this Air Waybill are originals and have the same validity.
Consignee's Name and Address (4)	Consignee's Account Number (5)	It is agreed that the goods described herein are accepted for carriage in apparent good order And condition (except as noted) and SUBJECT TO THE CONDITIONS OF CONTRACT ON THE REVERSE HEREOF. ALL GOODS MAY BE CARRIED BY AND OTHER MEANS INCLUDING ROAD OR ANY OTHER CARRIER UNLESS SPECIFIC CONTRARY INSTRUCTIONS ARE GIVEN HEREON BY THE SHIPPER. THE SHIPPER'S ATTENTION IS DRAWN TO THE NOTICE CONCERNING CARRIER'S LIMITATION OF LIABILITY. Shipper may increase such limitation of liability by declaring a higher value for carriage and paying a supplemental charge if required.
Issuing Carrier's Agent Name and City (6)		Accounting Information (10)
		FREIGHT PREPAID
Agent's IATA Code (7)	Account No. (8)	
Airport of Departure (Addr. of First Carrier) and Requested Routing (9)		

To (11)	By First Carrier Routing and Destination	To	By	To	By	Currency (12)	CHGS Code (13)	WT/VAL (14)		Other (15)		Declared Value for Carriage (16)	Declared Value for Customs (17)
								PPD	COLL	PPD	COLL		
	MU504					CNY		×		×		NVD	NCV

Airport of Destination (18)	Flight/Date For carrier Use Only Flight/Date (19)	Amount of Insurance (20)	INSURANCE – If Carrier offers insurance, and such insurance is requested in accordance with the conditions thereof, indicate amount to be insured in figures in box marked "Amount of Insurance."
		NIL	

Handing Information (21)
(For USA only) These commodities licensed by U. S. for ultimate destination…… Diversion contrary to U. S. law is prohibited

No of Pieces RCP (22A)	Gross Weight (22B)	Kg Lb (22C)	Rate Class (22D)	Commodity Item No. (22E)	Chargeable Weight (22F)	Rate Charge (22G)	Total (22H)	Nature and Quantity of Goods (incl. Dimensions or Volume) (22I)
30CTNS	300	Kg	Q		300	50	15000	100% COTTON SKIRTS Vol: 3. 6CBM

(24) Prepaid Weight Charge Collect		Other Charges (23)
AS ARRANGED		
(25) Valuation Charge		
(26) Tax		
(27) Total other Charges Due Agent		Shipper certifies that the particulars on the face hereof are correct and that insofar as any part of the **consignment contains dangerous goods, such part is properly described by name and is in proper** condition for carriage by air according to the applicable Dangerous Goods Regulations. (31)
(28) Total other Charges Due Carrier		LILIN
		Signature of Shipper or his Agent

<table>
<tr><td>(29) Total Prepaid</td><td>(30) Total Collect</td><td rowspan="3">March 12, 2016</td><td rowspan="3">SHANGHAI CHINA</td><td rowspan="3">LILIN</td></tr>
<tr><td></td><td></td></tr>
<tr><td>Currency Conversion Rates</td><td>CC Charges in Dest. Currency</td></tr>
<tr><td></td><td>(33)</td><td colspan="3">……………………………………………………………………
……………………………………………………………
Executed on (date) at (place) Signature of Issuing Carrier or its Agent. (32)</td></tr>
<tr><td rowspan="2">For Carrier's Use only at Destination</td><td>Charges at Destination</td><td>Total Collect Charges</td><td rowspan="2">999 –</td><td rowspan="2">08031256</td></tr>
<tr><td></td><td></td></tr>
</table>

巩固提升

一、背景资料

卖方：YINGKOU IMPORT AND EXPORT TRADE CORPORATION

电话：(0417) 86714976

买方：LOTTLE IMPORT AND EXPORT COMPANY

货名：SUN GLASS

H. S：3177. 2800

加工单位：营口进出口有限公司（营口开发区 26 号）

规格数量：T1 300SET,

T2 500SET

单价：T1 USD65. 00/SET,

T2 USD70. 00/SET

CIF BUSAN

支付方式：LC AT SIGHT

包装：PACKING IN 1 CARTON OF 10SET EACH

重量体积：G. W：10KGS/CTN　N. W：15KGS/CTN　MEAS：0. 9M/CTN

装运地：BAYUQUAN PORT

目的地：BUSAN PORT

合同号：UY20

许可证号：ZKZ08567123

贸易方式：一般贸易

海运费：20 美元

出口口岸：营口海关（0941）

运输工具名称：HUANYANG13

经营单位代码：86445532999

登记号：6656AQ

货物存放地：营口市鲅鱼圈区海滨路 66 号

二、请以单证员郑爽的身份，根据上述资料填制出口许可证申请表及装运通知书、受益人证明等单证

（一）出口许可证申请

中华人民共和国出口许可证申请表

1. 进口商： 代码 2. 领证人姓名： 电话：			3. 出口许可证号：		
4. 收货人：			4. 出口许可证有效截止日期： 年 月 日		
7. 贸易方式：			10. 进口国（地区）：		
7. 合同号：			10. 付款方式：		
8. 报关口岸：			10. 运输方式：		
11. 商品名称：			商品编码：		
12. 规格、型号	13. 单位	14. 数量	15. 单价（币别）	16. 总值（币别）	17. 总值折美元
18. 总 计：	件				
19. 备 注 申请日期：		21. 签证机构审批（初审）： 经办人： 终审：			

中华人民共和国商务部监制　　　　第二联（副本）取证凭证

（二）装运通知

装运通知单

USSURE：	装运通知 SHIPPING ADVICE
TO	DATE
INVOICE NO.	L/C.
RE：	
QUANTITY：	VALUES：
MEANS OF CONVEYANCE：	B/L NO.
DATE OF SHIPMENT：	PORT OF LOADING：
TRANSHIPMENT：	DESTINATION：
MARKS AND NUMBERS	NUMBER AND KIND OF PACKAGES；DESCRIPTION OF GOODS

（三）受益人证明

信用证中规定，SHIPMENT MUST BE EFFECTED NOT ISRAELI VESSEL AND NOT CALL AT ANY ISRAELI PORTS，AND NOT BLACKLISTED VESSEL. 则有关运输方面的证明如下：

BENEFICIARY'S CERTIFICATE

MESSRS：

DATE：

FAX NO.：

PLACE.：

RE：INV. NO. ________，L/C NO ________.

模块六　综合制单训练

学习目标

知识目标：熟悉合同条款，掌握信用证内容和其他相关信息，掌握发票，箱单等各种单据的缮制方法和要点。

能力目标：能读懂外贸合同条款，能读懂 L/C 条款，能根据所给背景资料缮制单据，做到单单相符，单证相符。

任务　综合制单

任务导入

缮制出口单证必须掌握必要的资料和数据，在此基础上，一般以发票、装箱单为基础单据分别缮制产地证、投保单、提单、汇票等单证。本项目的任务就是根据合同及信用证所给资料对所需全套结汇单证进行缮制。真正认识到单单一致，单证一致的内涵。

相关知识

单证学习者在掌握了各种单据的缮制要求和制单技巧后，有必要进行系统的综合训练，通过综合制单训练，学习者可以对各种不同类型的信用证、合同以及订单等文件进行分析，从而进一步熟悉和掌握外贸业务流程的各个环节，提高处理外贸单证的实际操作能力。

实践操作

RECEIVED FROM：SANWHKHHAXXX

BANK LIMITED,

KONG BRANCH HONG KONG

MESSAGE TYPE : MT700 OF A DOCUMENTARY CREDIT

: 27: SEQUENCE OF TOTAL 1/1

: 40A: FORM OF DOC. CREDIT IRREVOCABLE

: 20: DOC. CREDIT NUMBER BONY0600645

: 31C: DATE OF ISSUE 160610

: 31D: EXPIRYDATE160615 PLACE CHINA

: 50: APPLICANT ABC CO. LTD. HONGKONG

: 59: BENEFICIARY ZHEJIANG GREAT CORPORATION HANGZHOU CHINA

: 32B: AMOUNT CURRENCY USD AMOUNT 80000, 00

: 39A: PERCENTAGE CREDIT AMOUNT TOLERANCE. (%) 05/05

: 41D: AVAILABLE WITH/BY ANY BANK BY NEGOTIATION

: 42C: DRAFTS AT... 60 DAYS AFTER SIGHT

: 42D: DRAWEE ISSUING BANK

: 43P: PARTIAL SHIPMENTS ALLOWED

: 43T: TRANSSHIPMENT PROHIBITED

: 44A: LOADING IN CHARGE SHANGHAI, CHINA

: 44B: FOR TRANSPORT TO... HONGKONG

: 44C: LATEST DATE OF SHIP. 160605

: 45A: DESCRIPT. OF GOODS

MEN'S DOWN JACKET

QUANTITY: 10000PCS

UNIT PRICE: USD8. 00

TT AMOUNT: USD80000. 00

ORIGIN: CHINA

CFR HONGKONG

PACKING: STANDARD EXPORT PACKING

: 46A: DOCUMENTS REQUIRED

+SIGNED COMMERCIAL INVOICE ONE ORIGINAL AND FIVE COPIES.

+PACKING LIST INDICATING COLOR AND QUANTITY ONE ORIGINAL AND THREE COPIES.

+FULL SET OF CLEAN ON BOARD OCEAN BILLS OF LADING MADE OUT TO OR-

DER OF SHIPPER AND ENDORSED IN BLANK, MARKED FREIGHT PREPAID NOTIFY APPLICANT.

+CERTIFICATE OF ORIGIN ISSUED BY CHINA COUNCIL FOR THE PROMOTION OF INTERNATIONAL TRADE.

+CERTIFICATE OF QUANTITY IN DUPLICATE ISSUED BY BENEFICIARY

+BENEFICIARY'S FAX COPY OF SHIPPING ADVICE

TO APPLICANT AFTER SHIPMENT ADVISING L/C NO. SHIPMENT DA

TE, VESSEL NAME, NAME, QUANTITY AND WEIGHT OF GOODS.

: 47A: ADDITIONAL COND.

1. A DISCREPANCY HANDLING FEE OF USD50.00 (OR EQUIVALENT) AND THE RELATIVE TELEX/SWIFT COST WILL BE DEDUCTED FROM THE PROCEEDS NO MATTER THE BANKING CHARGES ARE FOR WHOEVER ACCOUNT.

2. DISCREPANT DOCUMENTS WILL BE REJECTED BUT IF INSTRUCITONS.

FOR THEIR RETURN ARE NOT RECEIVED BY THE TIME THE APPLICANT HAS ACCEPTED AND/OR PAID FOR THEM, THEY MAY BE RELEASED TO APPLICANT. IN SUCH EVENT BENEFICIARY/NEGOTIATING BANK SHALL HAVE NO CLAIM AGAINST ISSUING BANK.

3. TOLERANCE OF 5 PERCENT MORE OR LESS ON QUANTITY OF GOODS AND AMOUNT IS ACCEPTABLE.

4. ALL DOCUMENTS MUST BEAR THIS L/C NO.

: 71B: DETAILS OF CHARGES ALL BANKING CHARGES OUTSIDE LC ISSUING BANK ARE FOR ACCOUNT BENEFICIARY INCLUDING OUR REIMBURSEMENT CHARGES. :

: 48: PRESENTATION PERIOD WITHIN 10 DAYS AFTER THE DATE OF SHIPMENT BUT WITHIN THE CREDIT VALIDITY. :

: 49: CONFIRMATION WITHOUT :

: 78: INSTRUCTIONS

1. DOCUMENTS MUST BE SENT THROUGH NEGOTIATING BANK TO OUR ADDRESS: G/F FAIRONT HOUSE, 8 COTTON TREE DRIVE, CENTRAL, HONG KONG IN 1 LOT BY COURIER SERVICE.

2. UPON RECEIPT OF COMPLIANT DOCUMENTS, WE SHALL REIMBURSE YOU AS INSTRUCTED.

3. EACH DRAWING/PRESENTATION MUST BE ENDORSED ON THE REVERSE OF

THE CREDIT.

其他信息：

（1）INVOICE NO. 911R121106

DATE：JAN. 15，2016

（2）SHIPPING MARKS：G－III

HONGKONG

（3）QUANITITY OF SHIPMENT：10000PCS

（4）PACKED IN CARTON：100PCS/CTN

（5）GROSS WEIGHT PER CARTON：100KGS

NET WEIGHT PER CARTON：90KGS

（6）MEASUREMENT：7. 50CBM

（7）DATE OF SHIPMENT：JAN 25，2016

（8）VESSEL NAME AND VOL. NO：MAYFLOWER V. 1398

（9）SHIPPING COMPANY：COSCO，SHANGHAI

（10）B/L NO. ：CJ2650

（11）S/C NO. ：06ZA0606

（12）H. S. CODE：6206. 3200

（13）BLACK：5000PCS

WHITE：5000PCS

COMMERCIAL INVOICE

TO：

INVOICE NO. ：

INVOICE DATE：

S/C NO. ：

PAYMENT TERMS：

FROM __________ TO __________ VIA __________

MARKS & NO. S	DESCRIPTIONS	QUANTITIES	UNIT PRICE	AMOUNT

TOTAL：

装箱单

PACKING LIST

TO：

DATE：

INVOICE NO. ：

L/C NO：

S/C NO. ：

SHIPING MARK：

PAYMENT TERMS：

FROM ________________ TO ________________ VIA ________________

C/NO	NOS &KINGD OF PKGS	ITEM	QTY	G/W	N/W	MEAS

TOTAL：

产地证

<table>
<tr><td colspan="3">3. goods consigned from (Exporter's name, address, country)</td><td colspan="3" rowspan="2">Reference No.
GENERALIZED SYSTEM OF PREFERENCES
CERTIFICATE ORIGIN
(combined declaration and certificate)
FORM A
Issued in **THE PEOPLE'S REPUBLIC OF CHINA**
(COUNTRY)
see notes. overleaf</td></tr>
<tr><td colspan="3">4. goods consigned to (Consignee's s name, address, country)</td></tr>
<tr><td colspan="3">3. Means of transport and route (as far as known)</td><td colspan="3">4. For official use</td></tr>
<tr><td>5. Item Number</td><td>6. Marks and numbers</td><td>7. Number and kind of packages; description of goods</td><td>8. Origin criterion (see notes overleaf)</td><td>9. Gross weight or other Quantity</td><td>10. Number and date of invoices</td></tr>
<tr><td colspan="3">11. Certification
It is hereby certified, on the basis of control out, that the declaration by the exporter is correct.

....
Place and date, signature and stamp of certifying authority</td><td colspan="3">12. Declaration by the exporter
The undersigned hereby declares that the above details and statements are correct; that all the goods were produced in **CHINA** and that they comply with the origin requirements specified for those goods in the generalized system of preferences for goods exported to

....
(importing country)

...
....
Place and date, signature and stamp of certifying authority</td></tr>
</table>

提单

中国远洋运输集团公司

COSCO

B/L

Shipper（发货人）

Consignee（收货人）

Notify Party（被通知人）

Pre - Carriage By（前程运输） | Place Of Receipt（收货地点）

Ocean Vessel（船名）Voy. No.（航次） | Port Of Loading （装货港）

Port Of Discharge（卸货港） | Place Of Delivery（交货地点）

Marks & Nos. 唛头	No. Of Containers Or P'Kgs. 箱数	Kind of Packages, Description of Goods（包装种类与货名）	Gross Weight 毛重（公斤）	Measurement 尺码（立方米）

TOTAL MUMBER OF CONTAINERS OR PACKAGES（IN WORDS）
集装箱数或件数合计（大写）

FREIGHT &CHARGES（运费与附加费）FREIGHT PREPAID	Revenue Tons（运费吨）	Rate（运费率）	Per（每）	Prepaid（运费预付）	Collect（运费到付）

Prepaid At（预付地点） Payable At（到付地点） Place and date Of Issue（签发地点）

Number of original Bs/L

Signed for or on behalf of the Master
as Agent
签字

保险单

中国平安保险股份有限公司

PING AN INSURANCE COMPANY OF CHINA，LTD.

NO. 1000002596

货物运输保险单

CARGO TRANPORTATION INSURANCE POLICY

被保险人：

Insured ______________________

中国平安保险股份有限公司根据被保险人的要求及其所交付约定的保险费，按照本保险单背面所载条款与下列特款，承保下述货物运输保险，特立本保险单。

This Policy of Insurance witnesses that PING AN INSURANCE COMPANY OF CHINA，LTD.，at the request of the Insured and in consideration of the agreed premium paid by the Insured，undertakes to insure the undermentioned goods in transportation subject to the conditions of Policy as per the clauses printed overleaf and other special clauses attached hereon.

ORIGINAL

保单号
Policy No. ______________________

赔款偿付地点
Claim Payable at

发票或提单号
Invoice No. or B/L No. ______________________

运输工具
per conveyance S.S. ______________________

查勘代理人
Survey By：

起运日期
Slg. on or abt.

自
From ______________________

至
To ______________________

保险金额
Amount Insured ______________________

保险货物项目、标记、数量及包装：
Description, Marks, Quantity & Packing of Goods：

承保条件
Conditions：

签单日期
Date： ______________________

For and on behalf of

authorized signature

汇票

凭 不可撤销信用证

Drawn under ________________Irrevocable L/CNo ________________.

日期

Dated ______支取 Payable with interest @ ______% ______按________息______付款

号码 汇票金额 杭州 年 月 日

No: ____________Exchange for Nanjing ____________

见票 日后（本汇票之副本未付）

At ______________Sight of this FIRST of Exchange (Second of exchange being unpaid)

Pay to the order of _____________________________或其指定人

付金额

The sum of

此致

TO ____________________________

巩固提升

根据下述资料制作发票、汇票、提单、装箱单。

信用证

SEQUENCE OF TOTAL	*27: 1/1
FORM OF DOC. CREDIT	*40A: IRREVOCABLE
DOC. CREDIT NUMBER	*20: DC LDI300954
DATE OF ISSUE	31C: 160624
EXPIRY	*31D: DATE 030824 PLACE IN COUNTRY OF BENEFICIARY
APPLICANT	*50: VIRSONS LIMITED 23 COSGROVE WAY LUTON, BEDFORDSHIRE LU1 1XL
BENEFICIARY	*59: HANGZHOU WANSHILI IMP. AND EXP. CO. LTD., 309 JICHANG ROAD, HANGZHOU, CHINA

AMOUNT	*32B：CURRENCY USD AMOUNT 74，150.00
POS./NEG. TOL.（%）	39A：05/05（POSITIVE/NEGATIVE TOTAL）
AVAILABLE WITH/BY	*41D：ANY BANK（自由议付）
DRAFT AT...	42C：AT SIGHT
DRAWEE（付款行）	*42D：MIDLGB22BXXX *HSBC BANK PLC（FORMERLY MIDLAND *BANK PLC） *LONDON *（ALL U.K. OFFICES）
PARTIAL SHIPMENT	43P：ALLOWED
TRANSSHIPMENT	43T：NOT ALLOWED
LOADING IN CHARGE	44A：CHINA
FOR TRANSPORT TO...	44B：FELIXSTOWE PORT
LATEST DATE OF SHIP.	44C：160809
DESCRIPT. OF GOODS	45A： DEVORE CUSHION COVERS AND RUGS AS PER VIRSONS ORDER NO. RAP－599/2016. CIF FELIXSTOWE PORT
DOCUMENTS REQUIRED	46A： +ORIGINAL SIGNED INVOICE PLUS THREE COPIES. （已签署商业发票1份正本，三份副本） +FULL SET OF ORIGINAL CLEAN ON BOARD MARINE BILL OF LADING MADE OUT TO SHIPPERS ORDER AND BLANK ENDORSED，MARKED FREIGHT PREPAID AND NOTIFY APPLICANT QUOTING FULL NAME AND ADDRESS. +ORIGINAL PACKING LIST PLUS THREE COPIES INDICATING DETAILED PACKING OF EACH CARTON. +MARINE INSURANCE POLICY（海运保险

单）FOR 110PCT OF INVOICE VALUE, BLANK ENDORSED, COVERING ALL RISKS AND WAR RISK, CLAIMS PAYABLE AT DESTINATION.

+ORIGINAL CERTIFICATE OF ORIGIN PLUS ONE COPY ISSUED BY CHAMBER OF COMMERCE.（商会）

+ORIGINAL GSP FORM A（普惠制原产地证）CERTIFICATE OF ORIGIN IN OFFICIAL FORM ISSUED BY A TRADE AUTHORITY OR GOVERNMENT BODY PLUS ONE COPY.

+COPY OF FAX SENT BY BENEFICIARY TO APPLICANT, EVIDENCING THAT COPIES OF INVOICE, BILL OF LADING AND PACKING LIST HAVE BEEN FAXED TO APPLICANT ON FAX NO. 01582. 434708 WITHIN 3 DAYS OF BILL OF LADING DATE.

ADDITIONAL COND.（附加条款） 47A:

+VIRSONS ORDER NUMBER MUST BE QUOTED ON ALL DOCUMENTS.

+UNLESS OTHERWISE EXPRESSLY STATE（明确说明）, ALL DOCUMENTS MUST BE IN ENGLISH.

+EXCEPT SO FAR AS OTHERWISE EXPRESSLY STATE, THIS DOCUMENTARY CREDIT IS SUBJECT TO UNIFORM CUSTOMS AND PRACTICE FOR DOCUMENTARY CREDIT ICC PUBLICATION NO. 500.

+ALL BANK CHARGES IN CONNECTION WITH THIS DOCUMENTARY CREDIT EXCEPT ISSUING BANK'S OPENING COMMISSION AND TRANSMISSION COSTS ARE FOR THE BENEFICIARY.

PRESENTATION PERIOD
（提示、交单时间）48：
WITHIN 15 DAYS AFTER THE DATE OF SHIPMENT BUT WITHIN THE VALIDITY OF THE CREDIT.

CONFIRMATION INSTRUCTION
*49：WITHOUT
（开证行“保证条款）78：
ON RECEIPT OF DOCUMENTS CONFIRMING TO THE TERMS OF THIS DOCUMENTARY CREDIT，WE UNDERTAKE TO REIMBURSE YOU IN THE CURRENCY OF THE CREDIT IN ACCORDANCE WITH YOUR INSTRUCTIONS，WHICH SHOULD INCLUDE YOUR UID NUMBER AND THE ABA CODE OF THE RECEIVING BANK（收款行）.

SEND. TO REC. INFO.
（给单据接收行的信息）
72：DOCUMENTS TO BE DESPATCHED BY COURIER SERVICE（捷运快递）IN ONE LOT TO HSBC BANK PLC，TRADE SERVICES，LD1 TEAM. LEVEL 26，8 CANADA SQUARE，LONDON E14 5HQ.

有关资料：
发票号码：03WSL05F092
发票日期：2016年8月5日
提单号码：SD1750416270
提单日期：2016年8月8日
集装箱号码：TGHU4693235
集装箱封号：2973385
1×40’ FCL，CY/CY
船名：HAN JIANG HE
航次：V. 331E
装运港：SHANGHAI
CUSHION COVER：坐垫套，H. S. CODE（税则号）：6304. 9390
规格：45×45CMS，
数量：20000个，USD2. 20/个，100pcs/箱，纸箱尺码：

46 × 46 × 34CMS,

毛重：22KGS/箱，净重：20KGS/箱。

唛头：

VIRSONS

RAP – 599/2016

FELIXSTOWE

NO. 1 – 200

RUG：挂毯，H. S. CODE（税则号）：5803.0010.30

规格：127 × 152CMS,

数量：4500 个，USD6.70/个，30pcs/箱，纸箱尺码：153 × 15 × 128cms,

毛重：18KGS/箱，净重：15KGS/箱。

唛头：

VIRSONS

RAP – 599/2016

FELIXSTOWE

NO. 1 – 150

参考文献

［1］黄秀丹．新编外贸单证实务［M］．北京：北京邮电大学出版社，2015.

［2］章安平．外贸单证实务［M］．北京：高等教育出版社，2015.

［3］童宏祥．外贸单证实务［M］．上海：华东理工大学出版社，2007.

［4］孟祥年．外贸单证实务［M］．北京：中国财政经济出版社，2014.

［5］范明华，李良波．外贸单证实务［M］．北京：电子工业出版社，2011.

［6］全国国际商务单证专业培训考试用书［M］．北京：中国商务出版社，2014.

［7］郭晓晶，广银芳．外贸单证实务［M］．北京：高等教育出版社，2011.

［8］全国国际商务单证专业培训考试办公室．全国国际商务单证专业培训考试用书［M］．北京：中国商务出版社，2015.

［9］全国国际商务单证专业培训考试办公室．全国国际商务单证专业培训考试用书［M］．北京：中国商务出版社，2016.

［10］章安平．外贸单证实务［M］．北京：高等教育出版社，2008.

［11］李春丽．外贸单证实务［M］．北京：清华大学出版社，2013.

［12］姚大伟．国际商务单证业务［M］．北京：清华大学出版社，2009.

［13］李毅．外贸单证实务［M］．成都：西南财经大学出版社，2013.